MOEWIG
HUMOR

WILLY BREINHOLST

Die perfekte Ehe

Ein heiteres Brevier für Jungvermählte

Illustriert von Chris

MOEWIG

MOEWIG Band Nr 4886
Verlag Arthur Moewig GmbH, Rastatt

Titel der Originalausgabe: Three Cheers for the Newlyweds
Aus dem Englischen von Edith Walter
Deutsche Erstausgabe

Umschlagentwurf und -gestaltung: Franz Wöllzenmüller, München
unter Verwendung einer Zeichnung von CHRIS
Illustrationen im Innenteil: CHRIS
Verkaufspreis inkl. gesetzl. Mehrwertsteuer
Auslieferung in Österreich:
Pressegroßvertrieb Salzburg, Niederalm 300, A-5081 Anif
Printed in Germany 1988
Druck und Bindung: Ebner Ulm
ISBN 3-8118-4886-0

Zum Autor

Willy Breinholst, Jahrgang 1922, gebürtiger Däne und ehemals Bestattungsunternehmer, zählt heute zu den erfolgreichsten Autoren des humoristischen Genres. Mit seinen Büchern, die in ganz Europa, in China, Japan, Lateinamerika und den Ostblockstaaten zu Bestsellern wurden, hat er sich einen Platz im *Guinness Buch der Rekorde* erschrieben. Zeitweilig war er mit fünf Titeln gleichzeitig auf der SPIEGEL-Bestsellerliste vertreten.

Von Willy Breinholst sind bei Moewig bereits erschienen:
AUFWACHEN, FEIERABEND!
MÄNNER TAUGEN ZU NICHTS!
DIE DEUTSCHEN, WIE MAN SIE NICHT KENNT

»Willy Breinholst ist zweifelsohne ein Weltmeister des Humors. Mit zahlreichen Bestsellern, die in über 65 Ländern erschienen sind, hat er Millionen von Fans begeistert.«

Pocket Books, New York

Inhalt

Der Weg zur vollkommenen Ehe

Mögen heutzutage noch so viele Frauen behaupten, modern und emanzipiert zu sein – über die Ehe wissen sie sehr wenig. Daher ist es kein Wunder, daß ein Buch mit dem Titel *WAS JEDE JUNG VERHEIRATETE FRAU WISSEN SOLLTE* einem Autor eine Menge Geld einbringen kann, besonders wenn er es für einen Verleger geschrieben hat, der auf Bücher über Sex spezialisiert ist . . .

Sie bekommen jetzt eine kleine informative Geschichte über das Thema *Wie schreibe ich einen Bestseller?* zu lesen – ein Buch, von dem man von Anfang an sagt, daß es ein Erfolg wird – sogar schon bevor es gedruckt ist.

Es gibt Autoren, die in kleinen, feuchten Bodenkammern mit Ausblick auf schmutzige Hinterhöfe leben müssen; sie schreiben und schreiben, jahrein und jahraus, während die Mäuse an den Dielenbrettern nagen, der Regen durch das lecke Dach tropft und der Kanonenofen in der Ecke vor Kälte zittert. Ein solcher Schriftsteller ackert und ackert, zermartert sich den Kopf nach brillanten Ideen, produziert Seite um Seite eines getippten Manuskripts, stapelt die Seiten turmhoch, und dabei wird er selbst immer hungriger, und die Mäuse nagen und nagen . . . Aber endlich! Nach Jahren unmenschlicher Plackerei ist das Buch fertig. Jetzt beginnen die endlosen Wanderungen von Verleger zu Verleger, treppauf und treppab. »Nein, besten Dank, daß paßt nicht in unser Programm.« »Heutzutage wird so etwas nicht mehr gelesen.« »Sehr gut gemacht, sehr vielversprechend, doch unglücklicherweise nehmen wir dieses Jahr keine Manuskripte mehr an.« »Leider ist unser Verlagsprogramm für lange Zeit bereits festgelegt.« Aber endlich, beim allerletzten

Verleger, passiert es. Das Manuskript wird angenommen, und dreitausend Stück werden aufgelegt. Die Buchhandlungen verkaufen hundert Exemplare, und nach ein paar Jahren wird die Restauflage für siebzehn Cents pro Kilo an eine Papiermühle verkauft.

Es gibt aber auch privilegierte Autoren – Autoren mit Weitblick, die ihr Geld auf das siegreiche politische Pferd gesetzt haben. Sie werden von ihrer Partei unterstützt und bekommen Beihilfen von der Regierung. Dadurch haben sie es nicht nötig, auch nur eine Zeile zu schreiben.

Die nächste Gruppe sind die Hüter des Kulturguts, denen nichts heilig ist und die einfach über alles schreiben. Für sie sind einzig und allein die Pressekritiken wichtig. Es ist ihnen gleichgültig, ob irgend jemand ihre Seelenergüsse kauft oder liest. Sie fühlen sich erhaben und leben vom Bewußtsein dieser Erhabenheit.

Und schließlich gibt es noch eine Gruppe gerissener Jungs, die meist übersehen wird, die sogenannten Vielschreiber, die es verstehen, jeden Buchstaben, den sie tippen, in klingende Münze zu verwandeln. Man könnte sie die »zweiarmigen Banditen der Literatur« nennen. Sie sind zäh und darauf aus, den Jackpot zu gewinnen, und das nicht nur ab und zu, sondern jedesmal.

Simon Sexholm gehörte zu ihnen. Wenn er sich an seine superschnelle elektronische Schreibmaschine setzte, interessierte ihn nur, wie schnell er an den Speck herankommen konnte. Und jetzt hatte er einen neuen Dreh gefunden, oder – um es literarischer auszudrücken – sein Geist geriet in Bewegung und es drängte ihn, ein neues Werk zu beginnen. Er konzentrierte sich auf sein Ziel und las im Eiltempo ein gutes Dutzend Bücher, die sich gründlich mit seinem Thema befaßten. Ungestraft holte er sich das Beste aus jedem dieser Bücher heraus, fügte hier ein paar und dort ein paar eigene Gedanken hinzu, fand einen guten, marktfähigen Titel und marschierte mit dem fertigen Manuskript in den Verlag.

»Hier«, sagte er und knallte dem Verleger sein neues Werk

auf den vornehmen Palisanderschreibtisch. »Ein noch nie dagewesener Bestseller.«

Erfahrenen Blickes las der Verleger den Titel: *WAS JEDE JUNGVERHEIRATETE FRAU WISSEN SOLLTE – DER WEG ZUR VOLLKOMMENEN EHE.*

»Großartig, Sexholm«, sagte er, griff zum Telefon und bestellte das Papier für die erste Auflage. »Wir fangen mit fünfzigtausend Exemplaren an. Es gibt unzählige Frauen, die wissen, daß sie nicht genug wissen, und gern mehr wissen möchten. Ihr Buch geht sofort in den Satz.«

»Wollen Sie's nicht vorher lesen?«

»Nicht nötig. Das Ding verkauft sich allein aufgrund dieses Titels. Holen Sie sich in der Buchhaltung fünfzigtausend Vorschuß.«

Es gab nichts mehr zu besprechen. Die Sache war unter Dach und Fach. Das Buch wurde gedruckt und verkaufte sich wie warme Semmeln. Die Werbeabteilung des Verlages sorgte dafür, daß der Verkauf durch einige zündende Inserate in der Tagespresse und in den Wochengazetten gefördert wurde:

Dieses Buch – ein absolutes Muß für jede junge Ehefrau. Wollen Sie, daß ihre glückliche junge Ehe glücklicher wird? Wollen Sie IHN noch glücklicher machen? Dann lesen Sie WAS JEDE JUNGVERHEIRATETE FRAU WISSEN SOLLTE. Ein unfehlbarer Führer für Unerfahrene, der nichts verschweigt.

Die zweite Auflage wurde genausoschnell verkauft wie die erste. Sexholm bekam wieder fünfzigtausend Vorschuß. Er hatte den Erfolg in der Tasche.

Simon Sexholm nimmt kein Blatt vor den Mund, schrieb ein Kritiker in einem der großen Sensationsblätter, *aber was er zu sagen hat, ist überaus lehrreich. Junge Frauen, ob verheiratet oder nicht, informiert er mit einfachen Worten, die für jedermann verständlich sind, über eine Seite der Ehe, die sie sträflich vernachlässigen. Selbst solche, die glauben, sie wüßten genug, werden schon nach ein paar Seiten zuge-*

»Wie wäre es, wenn ich den Partydienst
für die Hochzeit bestelle, Kinder?«

ben müssen, daß sie im Irrtum sind. Und es schadet gar nichts, wenn der liebe Ehemann seinem kleinen Frauchen beim Lesen über die Schulter guckt.

Acht Tage später war die dritte Auflage verkauft. Jetzt wollte sogar der Verleger das Buch lesen.

Doch nachdem er ein paar Seiten gelesen hatte, wurde er fuchsteufelswild und schlug mit der Faust auf den Tisch.

»Das ist empörend!« brüllte er. »Das ist eine gottverdammte Unverschämtheit!«

Nun war dieser Verleger durchaus nicht zimperlich und nicht leicht zu schockieren. Jemand, der sich auf Sex-Literatur spezialisiert hatte, war auch an die spezifische Sprache gewöhnt. Aber es mußte selbstverständlich Grenzen geben, und offensichtlich waren diese Grenzen hier überschritten.

Er zitierte den Autor von *WAS JEDE JUNGVERHEIRATETE FRAU WISSEN SOLLTE* vor seinen Schreibtisch.

Sexholm erschien, ein Bild der Unschuld und ganz offensichtlich reinsten Gewissens.

»Ich möchte mit aller Deutlichkeit erklären«, verteidigte er sich noch bevor man ihn anklagte, »daß ich in meinem Buch nur dem Ausdruck gegeben habe, was meiner festen Überzeugung nach jede jungverheiratete Frau wissen sollte, wenn sie ihre glückliche Ehe noch glücklicher machen möchte.«

Der Verleger starrte ihn so lange wütend an, bis er den Blick senken mußte.

»Sie haben den Ruf meines Verlags ruiniert«, fauchte er. »Sie müssen den Verstand verloren haben, Mann! Das ist eine Unverschämtheit!« Mit einem angewiderten Blick warf er Sexholms Buch in den Papierkorb.

»Ist Ihnen denn nicht klar, daß alle Frauen, die unsere Bücher regelmäßig kaufen, in eine Buchhandlung gehen und ihr Geld für dieses Machwerk hinauswerfen, weil sie erwarten, mit *WAS JEDE JUNGVERHEIRATETE FRAU*

WISSEN SOLLTE – DER WEG ZUR VOLLKOMMENEN EHE ein wirklich interessantes und fesselndes Buch für lange Winterabende erstanden zu haben? Und was haben sie tatsächlich? Ein ganz gewöhnliches Kochbuch . . .«

Der ideale Bräutigam

Der ideale Bräutigam ist ein Mann, der auch noch nach der Hochzeit zu seiner Frau zärtlich, liebe- und rücksichtsvoll ist. Er ist nie mürrisch, flirtet nie mit anderen Frauen, er ist nicht streitsüchtig, er trinkt nicht, er lügt nicht – aber es gibt ihn auch nicht.

Zwischen dem jungen Ehepaar entwickelt sich eine kleine Meinungsverschiedenheit.

»Das ist ja klar!« faucht der junge Herr des Hauses. »Woher solltest du auch wissen, daß es in einer Ehe Probleme, Enttäuschungen und verlorene Schlachten gibt? Ich verstehe sehr gut, daß du davon nichts merkst – du bist ja auch nicht mit einer Frau verheiratet.«

Bei der Hochzeitsfeier herrschte Jubel, Trubel, Heiterkeit. Dann fragte ein Gast den nicht allzu glücklich aussehenden jungen Ehemann, wo er seine Frau kennengelernt habe.

»Darüber möchte ich lieber nicht reden«, sagte der junge Ehemann mit einer entschuldigenden Geste. »Aber eins möchte ich doch bemerken«, fügte er leise und vertraulich hinzu, »ich werde im Rote-Laternen-Viertel ganz bestimmt nie wieder nach einem Taxi pfeifen.«

Die Hochzeitsnacht. Ein Doppelbett. Geschlossene Jalousien. Die kohlrabenschwarze Dunkelheit wird einzig und allein von einem schwachen Nachtlämpchen auf dem Nachttisch erhellt. Dann hört man von irgendwoher aus dem Bett eine kurzatmige Männerstimme.

»Liebling«, sagt diese Stimme, »mein Liebstes! Mein wun-

»Das ist wirklich ein wunderschöner Stoff – das Kleid kannst du auch noch das nächstemal anziehen, mein Kind.«

derbarer Engel! Du bist so schön, daß ich einfach keine Worte finde, um dir zu sagen, daß ich dich liebe.«

»Das merke ich«, antwortete eine Frauenstimme ziemlich unbeeindruckt. »Nach dem zu schließen, wie du an mir rumfummelst, könnte man glauben, ich hätte mir von Kopf bis Fuß ein ganzes Buch voller Synonyme eintätowieren lassen.«

In der Regel sind die Flitterwochen in unserer schnellebigen Zeit kürzer als früher.

Andererseits erlebt man sie häufiger.

Während des Hochzeitsessens erhebt sich der reiche Onkel Robert aus Amerika, um eine Rede auf das junge Paar zu halten.

Er faßt die schönen Worte kurzerhand zusammen, indem er sie direkt an den Bräutigam richtet:

»Solltest du je eine hilfreiche Hand brauchen«, sagt er und schaut dem jungen Mann fest in die Augen, »dann denk dran, du hast sogar zwei, an jedem Arm eine.«

Heirat ist oft die Strafe dafür, daß man einer flüchtigen Bekannten eine idiotische Frage gestellt – und sie genauso idiotisch geantwortet hat.

Und dann war da auch noch der ältere Herr, der seiner Tischdame beim Hochzeitsessen erzählte, er kenne die Braut schon seit ihrer Geburt.

»Das heißt, eigentlich kenne ich sie schon, seit sie noch nicht mehr war als ein sorgenvoller Ausdruck im Gesicht ihrer unverheirateten Mutter.«

Bei einer überaus feierlichen Hochzeit eine Antwort auf die Frage, ob Liebe ewig dauere:

»Nehmen Sie mich, zum Beispiel«, sagt ein leicht betrunkener Gast in bester Laune, »ich bin seit siebzehn Jahren verheiratet und liebe noch immer dieselbe Frau.«

Vertraulich und mit leicht verunsichert klingender Stimme fügt er hinzu:

»O mein Gott! Wenn meine Frau das erführe, dann gäb's vielleicht Stunk!«

Flitterwochen in Chicago

Sobald ein Mann verheiratet ist und die Flitterwochen bevorstehen, darf er gleich in einen niedrigeren Gang herunterschalten und die glücklichen Stunden vergessen, die er als Junggeselle erlebt hat. Gleich um die Ecke warten noch mehr große Abenteuer – oder doch nicht?

Chicago war schon immer ein gefährliches Pflaster. Wenn einem sein Leben und seine Brieftasche lieb sind, sollte man um diese Stadt einen großen Bogen machen. Chicago hat nämlich ein bestimmtes Image und muß seinem Ruf jetzt gerecht werden. So einfach ist das.

Arthur Sparrow, der junge, sanfte englische Public-School-Lehrer, legte großen Wert auf seine Brieftasche und sein Leben. Dennoch stand er jetzt in einem Hotelzimmer mitten im Herzen der berüchtigten Stadt. Mit seiner süßen jungen Frau. Sie waren auf der Hochzeitsreise. Eine preiswerte vierzehn Tage dauernde Rundreise durch die Vereinigten Staaten mit dem Greyhound-Bus war alles, was sie sich von Arthurs verhältnismäßig niedrigem Gehalt leisten konnten. Und jetzt waren sie für einen Tag in Chicago – wie der Reiseplan es vorsah.

»Ich glaube, ich geh' jetzt hinunter, hol' mir eine Zeitung und seh' mich ein bißchen um«, sagte Arthur, nachdem sie ausgepackt hatten.

»Ja, tu das nur, Liebling.« Maureen nickte zustimmend. Sie wollte sich nach der anstrengenden Fahrt von St. Louis durch das nicht gerade aufregende Illinois ein paar Stunden ausruhen. »Aber paß auf deine Brieftasche auf, Liebling.«

Ach was, die Furcht vor Gangstern ist bestimmt übertrieben, dachte Arthur. Wahrscheinlich ist Chicago nicht schlimmer als jede andere Großstadt. Ich bin in London, Paris und Marseille zurechtgekommen; warum soll ich's hier auf einmal nicht schaffen? Wichtig ist, daß man seiner Wege geht und sich in nichts hineinziehen läßt.

Also brach er auf, um sich die Stadt anzusehen. Unter anderem, hatte er gehört, seien das Rockefeller-Museum und das berühmte Auditorium besonders sehenswert. Als er jedoch durch die Hotelhalle ging, winkte ihm ein Angestellter, zum Empfang zu kommen.

»Wir haben hier etwas für Sie, Sir«, sagte der Angestellte und reichte Arthur ein Päckchen.

Ein Päckchen? Für ihn? Er kannte niemanden in Chicago. Konnte es für Maureen sein? Vielleicht ein verspätetes Hochzeitsgeschenk, das ihnen nachgeschickt worden war. Ja. Das war eine Möglichkeit. Er beschloß, es ins Zimmer hinaufzubringen. Im Fahrstuhl war er so zerstreut, weil er sich den Kopf darüber zerbrach, von wem das Päckchen sein könnte, daß er eine Etage höher fuhr. Daher klopfte er an die Tür Nummer 27-06 anstatt 26-06. Niemand antwortete. Die Tür war nicht ganz geschlossen, er stieß sie auf, trat ein und sah sich einer großen, wohlgeformten Blondine gegenüber.

»Ja, hallo«, sagte sie und musterte den gutaussehenden jungen Lehrer von Kopf bis Fuß.

Erst jetzt merkte Arthur, daß er im falschen Zimmer war.

Dann tauchte hinter der Blondine ein untersetzter Mann auf. Sein tonnenähnlicher Brustkorb wirkte durch das Netzhemd, das er trug, noch gewaltiger. Seine schweren Hängebacken waren mit Rasierkrem bedeckt. Arthur bewegte sich im Rückwärtsgang zur Tür, doch sofort schnitt ihm ein schwarzhaariges, dunkelhäutiges Schwergewicht in einem hypermodernen breitgestreiften Anzug den Weg ab.

»Hast du das Zeug?« fragte der Typ ungeduldig und kaute dabei an einem nassen Zigarrenstummel.

Arthur verstand nicht, was dieser meinte. »Das Zeug?« wiederholte er.

»Ja. Du kommst doch von Zacco, oder? Versuch hier bloß keine komische Nummer abzuziehen.«

Arthur wollte zur Tür zurück, aber der untersetzte Mann packte seinen Kragen und zog ihn so fest zu, daß Arthur fast das Bewußtsein verlor.

Die Blondine wollte sich dazwischendrängen, doch das Schwergewicht trieb sie mit so brutalen Tritten in eine Ecke des Zimmers, daß sie stürzte und mit dem Kopf gegen den Fernseher prallte.

»Halt dich da raus, dumme Kuh!« zischte er, und der Untersetzte schrie Arthur an: »Gib das Päckchen her, du kleiner Dreckskerl!«

Er riß Arthur das Päckchen aus der Hand und schlitzte es mit einem Schnappmesser auf, das er plötzlich in der Hand hatte. Aus dem Schlitz quoll ein weißes Pulver. Der Untersetzte befeuchtete die Spitze des kleinen Fingers und tippte dann vorsichtig auf das Pulver. Ein paar Stäubchen blieben an der feuchten Fingerspitze haften. Er kostete davon und nickte beifällig.«

»Es is' okay, Buzz.«

Buzz holte ein Bündel Geldscheine aus der inneren Brusttasche seines Jacketts und reichte es Arthur. Im selben Moment klingelte das Telefon. Der Untersetzte mit dem Rasierschaum im Gesicht nahm ab.

»Es is' Albert«, sagte er und reichte den Hörer an Buzz weiter. Der hörte ein paar Minuten lang aufmerksam zu, legte dann auf und griff sich das Päckchen.

»Wir müssen aus der Stadt verschwinden«, sagte er aufgeregt. »Die verdammten Drogenfahnder sind uns auf der Spur. Zacco und seine Mafia-Jungs haben schon die Fliege gemacht.«

Er legte sein Pistolenholster um und war fertig zum Abmarsch.

»Und was machen wir mit Dolly?« fragte der andere Kerl, während er sich schnell mit einem Handtuch den Rasierschaum vom Gesicht wischte.

»Sie wollen den Rest des Tages freihaben?
Aber warum denn?«

»Vergiß sie, ich habe sie sowieso längst schon satt.«

Sie gingen und knallten die Tür hinter sich zu. Arthur, der noch immer ganz perplex aussah, ließen sie zurück.

Die Blondine lag halb bewußtlos vor dem Fernseher, auf den sie mit dem Kopf aufgeschlagen war. Arthur legte ihr einen nassen Waschlappen auf die Stirn. Das half. Vielleicht ging es ihr auch nicht so schlecht, wie sie tat. Vielleicht hatte sie nur Zeit gewinnen wollen. Auf jeden Fall erholte sie sich schnell.

»Wo sind Buzz und Killer-Mike?« fragte sie.

»Unterwegs, die Stadt zu verlassen.«

»Ich hab's gewußt«, frohlockte sie. »Du gehörst zur Mafia, nicht wahr? Du bist kein Laufjunge, den spielst du nur. Du hast ihnen Angst eingejagt. He! Bist du vielleicht Zacco selber? Aber ja! Natürlich bist du Zacco! Die Beschreibung paßt. Ich hab' schon viel von dir gehört und wollte dich schon längst kennenlernen. Du bist eins von den großen Tieren. Ich wäre gern bei deiner Gang. Und eins kann ich dir verraten: ein treueres Mädchen als mich findest du nicht. Wenn du willst, bin ich von nun an dein Mädchen. Wenn du willst, Zacco, mein Junge, dann nimm mich – dann wirst du schon merken, was ich meine. Nimm mich gleich hier, auf dem Sofa – jetzt – ich möchte dir gehören, Zacco-Boy . . .«

Vor Erregung zitternd, zog sie Arthur auf das Sofa. Sie erstickte ihn fast mit gierigen Küssen und gab sich ihm hin – gab ihm ihren hinreißenden Körper, wie er es noch bei keiner anderen Frau erlebt hatte.

»O Zacco-Boy, du bist wunderbar!« Sie seufzte.

Eine Stunde später sah Arthur auf die Uhr.

»Tja, Dolly«, sagte er sehr energisch, »ich muß jetzt gehen.«

»Nein, bleib noch. Eine kleine Weile noch, Zacco-Boy. Trinken wir noch was zusammen.«

Eine weitere Stunde später sah Arthur noch einmal auf die Uhr. Die Zeit wurde knapp.

»Bleibst du?« bettelte sie.

»Nein.« Diesmal blieb Arthur fest. »Ich darf keine Zeit mehr verlieren. In einer Stunde muß ich die Stadt verlassen haben.«

Er küßte die Blondine ein letztes Mal und eilte hinunter in 26-06.

»Nun, hast du dir ein bißchen was angesehen?« fragte Maureen, während sie ihr Make-up erneuerte.

»Ach, nur dies und das«, antwortete Arthur und ging ins Bad.

Als er nach einer Weile frisch gewaschen und umgezogen herauskam, fragte sie: »Und wie gefällt dir Chicago?«

Arthur legte die Hand auf das dicke Dollarbündel, das Buzz ihm gegeben hatte, und dachte flüchtig an die Blondine in Zimmer 27-06.

»Chicago«, antwortete er ein wenig vage, »ist gar nicht so schlecht, wie ich dachte.«

Was ist ein Junggeselle?

Was ein Junggeselle ist? Nun ja, das ist ein Mann, der Glück in der Liebe hatte. Oder anders gesagt: Ein Junggeselle ist ein Mann, der mit größter Vorsicht vorgeht, ehe er den Sprung in die Ehe wagt . . . Tatsächlich ist er so vorsichtig, daß er überhaupt nicht springt.

Nicht alle jungverheirateten Frauen haben einen erstklassigen Kochkurz mitgemacht. Und nur wenige haben in mehreren Küchen experimentiert, ehe sie auf ihre eigene losgelassen wurden. Daher können nicht alle Mahlzeiten, die sie für ihre Männer zubereiten, als kulinarische Köstlichkeiten bezeichnet werden.

Aber tiefer kann eine junge Ehefrau als Köchin wohl nicht sinken, als wenn der Hausherr einem Freund anvertraut:

»Kann meine Frau kochen? Neieiein. Sie kann es ganz und gar nicht. Sie serviert reines Gift . . .Hast du gewußt, daß die Pygmäen den ganzen weiten Weg aus Afrika hierherkommen, um ihre Pfeile in die Kochtöpfe meiner Frau zu tauchen?«

Kein altes Sprichwort ist so wahr wie dieses: Wenn eine Frau nicht den Mann bekommt, den sie will, dann helfe Gott dem Mann, den sie bekommt!

Nachdem Onkel Karl beim Hochzeitsessen einen Toast auf die Jungvermählten ausgebracht und ihnen Glück und Gesundheit gewünscht hat, wendet er sich vertraulich an seine Tischnachbarin:

»Nehmen Sie mich, zum Beispiel«, sagt er. »Ich war drei

»Tja, ich muß jetzt gehen.
Ich habe ein Rendezvous mit Konrad.«

Jahre glücklich verheiratet.« Und fügt dann mit einem hastigen Blick auf seine Frau hinzu: »Und das ist mehr, als die meisten Männer nach siebzehn Jahren Ehe von sich behaupten können.«

»Solange es jungen Mädchen recht ist, zu heiraten, um von zu Hause wegzukommen, muß es Männern billig sein, von zu Hause wegzukommen, weil sie verheiratet sind.«

Die Brautmutter gehörte zur alten Schule – der inzwischen leicht dezimierten Kategorie von Frauen, die so lange an den Storch glauben, bis sie in den Wehen liegen. Sie ist hoffnungslos altmodisch; hier der letzte zur Vorsicht mahnende Rat, den sie ihrer Tochter gab, bevor sie sie ins Leben hinausschickte: »Benimm dich immer anständig und zurückhaltend, mein Kind. Er darf dich nie sehen, wie Gott dich erschaffen hat. Achte streng darauf, daß du immer irgend etwas anhast.«

Die Tochter verspricht, die Worte der Mutter zu beherzigen. Die Hochzeit ist vorüber, die Zeit vergeht. Eines Abends setzt sich der junge Ehemann im ehelichen Himmelbett auf und sieht seine junge Frau an, die sich aufs Schlafengehen vorbereitet.

»Sag mal, Liebes«, fragt er, »gibt es in deiner Familie hier und da vielleicht einen Fall von leichtem Dachschaden?«

»Wie meinst du das?«

»Na ja, ich meine nur – wir sind jetzt seit fast drei Monaten verheiratet, und jeden Abend gehst du, nachdem du dich ausgezogen hast, zum Schrank und bindest dir dieses duftige Cocktailschürzchen um.«

Den Statistikern muß allmählich das Material ausgehen, da sie jetzt über die merkwürdigsten Dinge Statistiken erstellen. Zum Beispiel gibt es neuerdings eine Statistik über jungverheiratete Ehemänner, die mitten in der Nacht aufstehen. 50 % stehen auf, um ein paar belegte Brote zu essen oder ein

Bier zu trinken. 25% stehen auf, um auf die Toilette zu gehen. 23 % stehen auf, um das Fläschchen für das Baby warmzumachen. Das ergibt zusammen 98 % Vielleicht sollten wir die letzten 2% außer acht lassen. Aber na schön, sei's drum: Sie stehen auf, um nach Hause zu gehen.

Die abergläubische Braut

Für abergläubische Menschen gibt es ein untrügliches böses Omen: es bringt Unglück, wenn man an seinem Hochzeitstag einen Spiegel zerbricht. Genau das passierte Susanne. Und da ein zerbrochener Spiegel sieben Jahre Pech bedeutet, ist es überflüssig, darauf hinzuweisen, daß dies eine sehr traurige Geschichte ist.

Susanne war ungewöhnlich abergläubisch. Es war ein Familienleiden. Ihre Mutter und deren Mutter waren die abergläubischsten Menschen gewesen, die man sich vorstellen kann. Sie wären nie unter einer Leiter gegangen. Sie hätten keine Sekunde Frieden mehr gehabt, wenn vor ihnen eine schwarze Katze über die Straße gelaufen wäre. Man könnte noch viele Beispiele aufzählen, aber fahren wir lieber mit der Geschichte fort.

Was, glauben Sie, passierte an Susannes und Johnnys Hochzeitstag? Nun, als Johnny seine Susanne über die Schwelle ihres neuen Heims trug, drehte er sich – noch immer mit Susanne auf den Armen – um und wollte die Tür schließen. Dabei streifte er mit dem Ellenbogen versehentlich den Wandspiegel und riß ihn herunter. Auf dem Marmorboden zersprang er in tausend Scherben und Splitter. Und an seinem Hochzeitstag einen Spiegel zu zerbrechen, bedeutet für abergläubische Menschen großes *UNGLÜCK*. Es ist viel schlimmer, als zwei Messer zu kreuzen oder dreizehn Leute am Tisch zu haben.

Susanne war beim Anblick der Spiegelscherben wie gelähmt vor Entsetzen.

»Das bedeutet sieben Jahre Pech!« schrie sie und starrte

Johnny panisch erschrocken an. »Oh, ich armes, armes Ding! Sieben Jahre Pech!«

Sie rannte ins Schlafzimmer, warf sich aufs Bett und heulte hysterisch – heulte die ganze lange Nacht.

Johnny versuchte, sie zu trösten, aber das half nichts. Ihre Hochzeitsnacht war verdorben. Die sieben Jahre Pech hatten schon angefangen.

Am nächsten Tag nahm Johnny seine Susanne nach einem trostlosen Frühstück in die Arme und versuchte, sie den zerbrochenen Spiegel vergessen zu machen. Doch sie stieß ihn von sich, warf sich aufs Bett und war und blieb untröstlich. Er stand den ganzen restlichen Vormittag neben ihrem Bett, rang die Hände und sah sie an. Dann ging er ins Pub, um seine Sorgen in viel Bier zu ertränken. Was sollte er sonst tun?

Es war eine sehr unglückliche Ehe. Susanne schniefte und und weinte Tag und Nacht, Nacht und Tag – rund um die Uhr. Sie fand es sehr ungerecht, daß ihr das Schicksal sieben Jahre Pech auferlegt hatte, obwohl sie immer ein fröhliches, sorgloses Mädchen gewesen war.

Mit der Zeit wurde sie immer niedergeschlagener. Sie verlor den Appetit, wurde so dünn wie ein Pfeifenreiniger und so blaß wie eine gekochte Kartoffel. Weil sie nur wenig schlief, hatte sie dunkle Ringe unter den Augen. Nichts interessierte sie. Das Sexualleben in dieser Ehe braucht man gar nicht zu erwähnen, denn es gab keins. Sie war nicht interessiert, und welcher Mann fühlt sich schon von einem Mädchen angezogen, das die meiste Zeit nur dasitzt, das Gesicht in die Hände vergräbt und schluchzend die unglücklichen vergeudeten Jahre beklagt?

Eines Tages hatte Johnny es satt. Er fand in der Stadt ein Mädchen, fing an, sein eigenes Leben zu leben und kam nur noch selten nach Hause. Er verbrachte die Abende in Bars, Discotheken oder Nacht-Clubs, während Susanne schluchzend, weinend und jammernd daheim im Schlafzimmer hockte.

Aber Johnny wurde des hohlen Nacht-Club-Lebens bald überdrüssig. Er mochte die kleinen Bars nicht mehr, in denen es nach Whiskey roch, hatte die lauten Discotheken, aber vor allem die albernen Mädchen satt. Im tiefsten Innern liebte er Susanne immer noch und hatte nur den Wunsch, daß sie ihren lächerlichen Aberglauben endlich überwinden möge.

Eines Nachts lag er wach und beobachtete sie voller Sorge. Sie ging, nur mit einem dünnen Nachthemd bekleidet, schluchzend im Schlafzimmer auf und ab. Er setzte sich auf und bemühte sich, ihr begreiflich zu machen, daß alles wieder gut werden könnte, wenn sie nicht so übertrieben abergläubisch wäre.

»Aberglaube ist etwas, das der Vergangenheit angehört«, sagte er. »Aberglaube, böse Omina – alles Dinge, die ins finstere Mittelalter gehören. In unserer aufgeklärten modernen Zeit brauchen wir so etwas nicht mehr. Nimm mich, zum Beispiel. Als Polizeisergeant in Uniform kann ich es mir gar nicht leisten, abergläubisch zu sein. Wenn ich nachts Dienst habe und einen Dieb verfolge, kann ich nicht damit aufhören, weil mir vielleicht eine schwarze Katze über den Weg läuft. Oder? Und wenn ein Kerl plötzlich die Schaufensterscheibe eines Juwelierladens einschlägt und ich hinter ihm herrenne, hätte ich ihn bald aus den Augen verloren, wenn ich um alle Leitern herum und nicht unter ihnen durchliefe. Und wie oft passiert es bei uns im Revier, daß wir in der Cafeteria zu dreizehn am Tisch sitzen. Es bedeutet so gut wie nichts. Es ist reiner Unsinn – Wahnsinn – zu glauben, ein zerbrochener Spiegel bedeute sieben Jahre Pech. Du lieber Himmel, wie viele Spiegel habe ich schon zerbrochen – einen Rasierspiegel, einen Taschenspiegel, alle möglichen Spiegel. Und ich hatte nie Unglück deshalb. Ich könnte einen Spiegel nach dem anderen zerbrechen, und es bliebe alles ohne Wirkung auf mich.«

Um ihr zu beweisen, daß er überhaupt nicht abergläubisch war, fummelte er im Dunkeln nach seinem Dienstrevolver, der in der Nachttischschublade lag. Er zielte auf Susannes Toilettenspiegel, schoß, und der Spiegel zersprang.

»Siehst du? Ich habe den Spiegel zerbrochen, und nichts ist passiert?«, sagte er. »Wegen eines zerbrochenen Spiegels abergläubisch zu sein, ist altmodischer Unsinn. Deshalb wollen wir jetzt Spiegel, Leitern, dreizehn Leute an einem Tisch, schwarze Katzen und den ganzen übrigen Unsinn für immer vergessen und endlich anfangen, zu leben!«

Er stieg aus dem Bett und knipste das Licht an. Er wollte Susanne in die Arme nehmen.

Als das Licht den Raum durchflutete, wurde er jedoch so bleich wie der Tod, und der Revolver fiel ihm aus der Hand.

»Von nun an heißt es: sieben Jahre Pech für mich«, sagte er wie betäubt vor sich hin.

Und er hatte recht. Er wurde zu sieben Jahren Gefängnis verurteilt, denn Susanne hatte in seiner Schußlinie gestanden.

Hochzeiten sind wirklich etwas Merkwürdiges

Hochzeiten sind wirklich etwas Merkwürdiges. Ein paar Worte, in einer Kirche gemurmelt, und man ist verheiratet. Murmeln Sie jedoch ein paar Worte im Schlaf – im Handumdrehen sind Sie geschieden.

Bei einem Hochzeitsessen seufzt eine nicht mehr ganz junge Frau tief auf, als ihr Tischnachbar das Thema der sexbesessenen Gesellschaft von heute zur Sprache bringt.

»Mein Verlobter verhält sich in dieser Beziehung immer wie ein perfekter Gentleman«, sagt sie und fährt nach einer kleinen Pause resigniert fort: »Aber das ist natürlich immer noch besser, als keinen Verlobten zu haben.«

Da gibt es eine Geschichte über den hervorragenden chinesischen Chefkoch eines der führenden China-Restaurants in Kopenhagen. Er heiratete eine Dänin, und ein Jahr lang ging alles gut. Aber schon bald darauf ging Hu Wang Shiang zu einem Anwalt, um sich wegen einer Scheidung zu erkundigen. Der Anwalt fragte ihn, warum er sich zu einem so drastischen Schritt entschlossen habe? Er sei doch erst etwas über ein Jahr verheiratet.

Hu Wang Shiang sprach noch nicht sehr gut dänisch, konnte dem Anwalt seinen Standpunkt aber trotzdem deutlich klarmachen.

»Wenn Sie Reis pflanzen, ernten Sie Reis. Ja? Wenn Sie Weizen säen, ernten Sie Weizen. Ja? Hu Wang Shiang sät kleinen Gelben und bekommt kleinen Schwarzen. Sehen Sie?«

Es ist schon seltsam, daß sich die Frauen immer um die Zukunft sorgen, solange sie noch keinen Ehemann haben. Sie werden aber noch nie einen Mann getroffen haben, der sich um die Zukunft sorgte – solange er noch keine Frau hatte.

Wenn er jung verheiratet ist, sitzt er jeden Abend zu Hause und hält die Hand seiner hübschen Frau. Die Zeit vergeht, und die Ehe ist nicht mehr so ganz neu.

Auf einmal muß er im Büro viele Überstunden machen und muß oft zu Hause anrufen und sagen, es tue ihm leid, aber es werde heute wieder spät, weil er länger arbeiten müsse.

»Warte nicht auf mich, Liebling«, sagt er rücksichtsvoll. Seine Frau fängt an, sich zu fragen, was er wirklich treibt. Doch zum Glück gibt es für ihn eine Zeitlang keine Überstunden mehr, er kommt früh aus dem Büro nach Hause und verbringt die Abende wieder Händchen haltend. Und so geht es weiter. Dann ruft er eines Nachmittags zu Hause an und sagt:

»Tut mir leid, aber heute abend wird's wieder spät, ich muß länger arbeiten, Lillemor.«

Und Lillemor antwortet:

»Kann ich mich darauf verlassen?«

Nach einem hervorragenden Hochzeitsessen beginnen ein paar ältere männliche Gäste bei Kaffee und Cognac in Erinnerungen an ihre eigene Hochzeit zu schwelgen.

»Ach ja«, sagt der Brautvater, »ich weiß noch genau, wie es war, als ich die Kirche betrat – wie furchtbar bedrückend sie mir vorkam und wie klein, unbedeutend und allein ich mich fühlte . . . Ja. Ich hatte wirklich und wahrhaftig das gleiche Gefühl, das eine Laus haben muß, die im Mailänder Dom über den roten Teppich krabbelt, und sich ununterbrochen fragt, ob ein riesiger Fuß sie zermalmen werde, wenn sie etwas Falsches tut oder sagt.«

Viel Glück zum Hochzeitstag, Liebling

Es begann an dem Morgen, an dem Marina völlig ihren fünften Hochzeitstag vergessen hatte. Das hätte natürlich jedem passieren können. Für sie endete der Tag jedoch mit dem Schock ihres jungen Lebens. Sie hätte ihn vermeiden können, hätte sie nur morgens daran gedacht, Steffan viel Glück zum Hochzeitstag zu wünschen, anstatt ihn wegen einer Kleinigkeit auszuschelten

Marinas und Steffans Hochzeitstag wurde der unvergeßlichste Tag in dem für gewöhnlich nicht sehr ereignisreichen Leben der hübschen jungen Frau. Wir könnten selbstverständlich mit unserem kleinen Thriller am Nachmittag beginnen, als Steffan zornig in seinem Werkzeugschuppen kramt, endlich den dicken Hanfstrick findet, in den Garten geht, um auf dem knorrigen alten Nußbaum den richtigen Ast zu suchen und . . .Nein, das wollen wir uns lieber so lange wie möglich ersparen, zum Teil, weil der Anblick zu schrecklich ist, und zum Teil, weil Sie zuerst erfahren müssen, wie es dazu kam.

Es begann an dem Morgen, an dem Marina ihren fünften Hochzeitstag vergaß. Schlimmer noch, sie schimpfte mit Steffan, weil er beim Rasieren nicht aufpaßte und in seiner Eile unabsichtlich ein bißchen Rasierschaum in ihre Puderdose warf. Ein Wort ergab das andere, wie Worte das um halb sieben Uhr morgens oft an sich haben, wenn die Menschen noch unüberlegt daherreden. Um eine lange Geschichte kurz zu machen: Steffan war wütend, als er türenknallend aus dem Haus stürmte und ins Büro fuhr.

Im Laufe des Vormittags fand Marina einen Fünfhundertkronenschein, von dem sie nicht mehr gewußt hatte, daß sie ihn besaß. Er lag in einem kleinen handbemalten Souvenirkästchen mit der Aufschrift *GRÜSSE AUS HIMMELBJERG.* Ein funkelnagelneuer knisternder Fünfhundertkronenschein war wirklich ein schöner Gruß aus Himmelbjerg zu ihrem fünften Hochzeitstag. Und was tut man, wenn man sich plötzlich reich fühlt? Zum Beispiel das, was Marina tat. Sie nahm ihren vierjährigen Sohn Peter bei der Hand und ging mit ihm in die Stadt, um sich Schaufenster anzusehen.

In einem Schaufenster entdeckte sie ein sehr elegantes, bildschönes Cocktailkleid. Es sah sehr verführerisch aus, und Marina mußte es einfach probieren. Sie hatte den Fünfhundertkronenschein in der Handtasche, der geradezu danach schrie, ausgegeben zu werden – also kaufte sie das elegante Kleid, zahlte fünfhundert Kronen an und versprach, den Rest des Geldes zu bringen, wenn die Änderungen fertig waren. Der Saum mußte gekürzt und die Taille enger genäht werden.

Dann nahm sie den kleinen Peter bei der Hand und fuhr zu ihrer Mutter, um ihr bei einer Tasse Kaffee von dem eleganten Kleid zu erzählen, in das sie ihr Geld so vernünftig investiert hatte.

»Du meine Güte!« rief sie, sich mitten im Satz unterbrechend, nachdem sie einen Blick auf die französische Kaminuhr geworfen hatte. »Ist es schon so spät? Ich muß so schnell wie möglich nach Hause und Abendessen kochen. Steffan war heute morgen schon böse, und wenn das Essen nicht pünktlich auf dem Tisch steht, wird er bestimmt hysterisch. Er hat heute keinen besonders guten Tag.«

Draußen regnete es in Strömen.

Sie wartete eine Stunde und hoffte, es werde aufklaren, doch das war nicht der Fall. Im Gegenteil, es sah aus, als probe Gott für die nächste Sintflut.

Marina wartete noch eine Stunde, aber es wurde nicht besser. Also lieh sie sich den Regenschirm ihrer Mutter, nahm Klein-Peter zum drittenmal bei der Hand und eilte nach Hause.

Steffan war schon lange da. Naß bis auf die Haut stand er im Garten unter einem Baum. Ins Haus konnte er nicht, da er am Morgen so wütend aus dem Haus gestürzt war, daß er seinen Schlüssel vergessen hatte. Jetzt war er nahe daran, vor Wut zu explodieren.

»Wo warst du, zum Teufel!« schrie er. »Seit drei Uhr stehe ich unter diesem verdammten Makrelenbaum . . .«

»Morellenbaum«, korrigierte Marina ihn automatisch, was seinen Zorn nicht gerade besänftigte, so daß sie ein paar Schritte zurückwich.

»Okay, dann stehe ich eben seit drei unter diesem verdammten Morellenbaum! Ich habe mir früher freigenommen, weil heute unser Hochzeitstag ist.«

Marina beeilte sich, die Haustür aufzuschließen. Sie war mehr als nur ein bißchen durcheinander. Steffan stand mitten in der Diele und streckte ein völlig durchweichtes, tropfendes Paket von sich. Wahrscheinlich ein Kuchenpaket, da das, was auf den Boden tropfte, aufgeweichte Gelatine war.

»Was hast du da in dem . . .«

»Was das ist? Besser gesagt, was das war? Es waren drei Stück Obsttorte mit Sahne. Sie sind ein Opfer des Regens geworden.«

Er ging in die Küche und warf das ganze unappetitliche Zeug in den Abfalleimer. Das Telefon klingelte. Er nahm das Gespräch in der Diele entgegen, und während er zuhörte, breitete sich auf seinem Gesicht ein Ausdruck wachsenden Staunens aus. Dann knallte er den Hörer auf die Gabel.

»Wer war das?« fragte Marina.

»Irgendeine Frau, die sich offenbar verwählt hat. Sie sagte, daß du zusätzlich zu den siebenhundert Kronen, die du noch für das Cocktailkleid schuldest, hundertzwanzig Kronen für die Änderungen bezahlen mußt. Sag mal, was soll der Blödsinn?«

Steffans Augen schossen Blitze.

»Natürlich war es lieb von Papi, daß er dir seinen Zylinder geborgt hat. Aber wie willst du jetzt noch etwas von der Zeremonie sehen?«

Marina blieb nichts anderes übrig, als zu beichten.

Steffans Gesicht verfärbte sich blaugrau vor Zorn. Plötzlich fiel ihm das Kästchen mit der Aufschrift *GRÜSSE AUS HIMMELBJERG* ins Auge; er stürzte darauf zu und öffnete es.

»Wo ist mein Fünfhundertkronenschein?« schrie er außer sich. »Meine fünfhundert Kronen, die ich mir mühsam für den Betriebsausflug erspart habe!«

Wieder blieb Marina nichts anderes übrig, als die Wahrheit zu sagen. Diesmal warf sie sich ihm zu Füßen und umklammerte seine klatschnassen Hosenbeine.

»Woher sollte ich denn wissen . . . Ich dachte . . .«

Steffan schüttelte sie ab.

»Vielen Dank«, sagte er mit einer Stimme so kalt wie Grönlandeis. »Ich habe genug.«

Eine Sekunde später war er zur Haustür hinaus und knallte sie so heftig hinter sich zu, daß der Putz neben dem Rahmen Sprünge bekam und abblätterte. Die arme Marina brach in Tränen aus und warf sich auf das Sofa. Klein-Peter begann zu weinen.

»Mami, Mami, Mami!« Mutter und Sohn waren ein einziges Bild des Jammers.

Zehn Minuten später stand Marina auf und trocknete sich die Augen. Wo war Steffan? Was machte er? Wenn er in diesem Ton sprach, war er unberechenbar.

Sie schaute hinaus in den Garten und bekam den Schock ihres Lebens – ausgerechnet an ihrem fünften Hochzeitstag.

Steffan stand mit einem langen, dicken Strick in der Hand unter dem knorrigen alten Nußbaum. Das eine Ende hatte er sich um den Hals geschlungen, und das andere warf er gerade über den stärksten Ast. Mit einem Aufschrei stürzte Marina aus dem Haus, warf sich wieder vor ihm auf die Knie und umklammerte seine nassen Hosenbeine.

»Tu's nicht, Steffan!« bettelte sie verzweifelt. »Tu's nicht, hörst du! Um unseres Kindes willen, Steffan! Um Klein-Peters willen tu es nicht! Ich schwöre dir, ich rühr' nie wieder auch nur einen Penny von deinem Geld an! Ich schwöre, daß ich nie wieder den Fuß über die Schwelle eines Kleidergeschäftes setze! Ich schwöre, daß ich in Zukunft immer einen Zweitschlüssel unter die Türmatte lege und daß du nie wieder auf dein Abendessen warten mußt! Ich schwöre bei allem, was mir heilig ist, daß ich zärtlich und gut und liebevoll zu dir sein und dich nie wieder beschimpfen werde, wenn ich Rasierschaum in meiner Puderdose finde. Ich liebe dich, Steffan. Tu's nicht! Bitte tu's nicht!«

Steffan ließ den Strick fallen.

»Na schön«, sagte er, »wenn du mir das alles noch schriftlich gibst, dann tu' ich's nicht. Obwohl ich's ein bißchen unfair gegen Klein-Peter finde. Ich wollte ihm nämlich eine Schaukel bauen.«

Wissen Sie, was ein Pessimist von einer Hochzeit hält?

Wissen Sie, was ein Pessimist von einer Hochzeit hält? Für ihn ist es eine Beerdigung, für die man sich den Blumenschmuck selbst aussuchen kann.

Traditionen und Rituale sind von Land zu Land verschieden. Nehmen Sie nur mal die Ehe. In einigen Ländern bekommt die Braut ihren Mann *vor* der Ehe nicht zu sehen. In anderen Ländern sieht sie ihn *nach* der Hochzeit nur noch selten.

Die Gäste haben sich von einem üppigen Hochzeitsessen erhoben. Sie strecken ein bißchen die Beine aus, finden sich zu gutgelaunten kleinen Gruppen und zu einem netten Gespräch zusammen.

»Man kann über die Ehe sagen, was man will, aber – « beginnt die Brautmutter. Und kaum hörbar, hinter dem Rauch seiner Havannazigarre fast verborgen, beendet der Brautvater den Satz: » . . .am klügsten wäre es, darüber zu schweigen.«

Wenn das junge Paar die Schulden abbezahlt hat, die es einging, um von zu Hause fortzukommen und unabhängig zu sein, wenn die beiden endlich – endlich! – so weit sind, daß sie nicht mehr soviel arbeiten müssen und es sich leisten können, das Leben zu genießen – tja, wenn es eines Tages soweit ist, dann stellen sie fest, daß das ganz unmöglich ist, da sie zu Hause bleiben und die Enkelkinder hüten müssen.

Und dann gibt es da noch die Geschichte von dem jungen

»Draußen steht ein junges Brautpaar mit seinen Hochzeitsgästen. Sie lassen fragen, ob der Pfarrer vergessen hat, daß sie jetzt mit ihm verabredet sind.«

Mädchen, das sich in den Besitzer eines Hundesalons verliebte und ihn heiratete.

Aber die Ehe ging bald vor die Hunde.

Eine junge Ehefrau beklagt sich beim Frühstück, wie schwierig es ist, mit dem Haushaltsgeld auszukommen, das der Mann ihr gibt.

»Gegen Ende jeder Woche«, jammert sie, »habe ich kaum noch Haushaltsgeld, aber Haushalt ist noch jede Menge vorhanden.«

Als ein Mann sich nach Jahren einer unglücklichen Ehe von Ehefrau Nummer 1 scheiden ließ und Nummer 2 heiratete, fragte ihn ein Freund, warum er das nicht schon längst getan habe.

»Ach, weißt du«, erklärte er, »genauso ging es einem australischen Einheimischen, den ich mal kannte. Er wünschte sich sehnlichst einen neuen Bumerang, hielt es aber für überflüssig, sich einen zweiten anzuschaffen, solange der alte noch benutzt werden konnte – doch jedesmal, wenn er versuchte, ihn wegzuwerfen, kam er zu ihm zurück.«

Sie hatten eben erst geheiratet, und die junge Frau bewunderte ihren Ehemann sehr. Sie hielt ihn für einen der genialsten Menschen der Welt.

Auf der Hochzeitsreise machten sie einen langen Strandspaziergang. Dann setzte der wunderbare junge Ehemann im Anblick des Meeres den Fuß auf einen ziemlich großen Stein und begann mit Pathos zu deklamieren:

»Woge dahin, o rätselhaftes Meer! Laß deine schaumgekrönten trägen Wellen sanft das Gestein am Strand umspülen und es reinwaschen . . . So rein und pur wie die Seele meiner Liebsten, das Herz meiner Liebsten! Wogt ihr munteren Wellen, wogt . . .«

Im selben Moment überrollte eine große Welle den Stein, auf den der junge Genius den Fuß gesetzt hatte. Und mit fast ehrfürchtiger Bewunderung in der Stimme sagte die junge Frau:

»Bei Gott, Benny, sie gehorchen dir tatsächlich!«

Das Mädchen, das den geborgten Mann heiratete

Kennen Sie auch jemanden, der sich sein Leben lang immer wieder etwas ausborgt (und vergißt, das Geborgte zurückzugeben)? Betty gehörte zu diesen Leuten. Sie borgte sich sogar den Freund ihrer besten Freundin aus und vergaß prompt, ihn zurückzubringen. Sie heirateten, doch Betty änderte sich nicht. Sie borgte und borgte immer weiter . . .

Betty war ein reizendes, kluges, freundliches Mädchen. Etwas anderes konnte man nicht über sie sagen. Sie hatte ein anbetungswürdiges Gesicht, ein unwiderstehliches Lächeln, schöne Augen, und eine wohlgeformte Figur, an der alles war, wo es sein sollte, und immer richtig proportioniert. So weit, so gut. Aber Betty hatte einen großen Fehler – sie borgte, borgte, borgte.

Sehr zutreffenderweise gab ihr jemand den Spitznamen »Borge-Betty«.

Schon in der Volksschule war es ein Problem. Ständig hatte sie mit ihren Mitschülerinnen etwas zu flüstern:

»O Ingrid, könntest du mir bitte deinen Radiergummi leihen?«

»Pst, Gurli! Leih mir bitte einen Bleistift.«

»Oh, ist das nicht schrecklich! Ich habe mein Pausenbrot vergessen. Kannst du mir vielleicht eins von deinen belegten Broten borgen, Yvonne! Nur bis morgen.«

Zu Hause war es nicht besser.

»Darf ich mir deinen Kamm ausborgen, Mami? Ich kann meinen nicht finden.«

»Leih mir bitte zehn Kronen, Vati, nur bis Montag, bis du

mir mein wöchentliches Taschengeld gibst? Ich muß mir nämlich noch heute etwas kaufen.«

Betty wurde konfirmiert und wuchs zum Teenager heran – entzückend, langbeinig und bildhübsch. Aber es änderte sich nichts. Sie borgte weiter.

»Leih mir bitte deinen Rubinring, Mami. Ich werde sehr gut darauf aufpassen, und natürlich kriegst du ihn gleich nach der Party zurück.«

»Leih mir bitte zwanzig Kronen, Vati – nur bis ich meine Kasse wieder aufgefüllt habe. Ich habe mir von Yvonne zwanzig Kronen ausgeborgt und ihr geschworen, daß sie das Geld heute abend zurückbekommt.«

Mit siebzehn begann Betty, mit einem Jungen namens George auszugehen. Er war nichts Besonderes, und auf keinen Fall war er derjenige, mit dem sie den Rest ihres Lebens verbringen wollte. Aber mit ihm auszugehen, machte ihr großen Spaß, und er war ein guter Tänzer.

Eines Abends war sie zu einer großen Party bei Yvonne eingeladen. Jedes Mädchen mußte einen Jungen mitbringen, und es würde bestimmt eine Riesenfete werden. Betty war mit George verabredet, aber der Tölpel legte sich mit einer Grippe ins Bett. Er hatte hohes Fieber und konnte nicht einmal aufrecht stehen. Da war guter Rat teuer. Was sollte sie tun? Auf jeden Fall rief sie erst mal ihre beste Freundin Anya an.

»Jetzt stell dir das mal vor, Anya!« sagte sie. »George und ich sind zu einer Party bei Yvonne eingeladen, aber George, dieser gemeine Kerl, hat plötzlich die Grippe bekommen. Ich hab' ihn mit Aspirin vollgestopft, aber ich schaff's nicht, ihn wieder auf die Beine zu bringen. Da steh' ich jetzt und bin allein. Ich kann doch nicht allein zu dieser Party gehen, oder? Ich meine – Yvonne rechnet fest damit, daß jedes Mädchen einen Typen mitbringt. Schließlich ist es ihre große Party. Könntest du mir vielleicht deinen Herman borgen? Nur für heute abend.«

Anya war zwar nicht allzu begeistert darüber, daß sie ihren

Freund verleihen sollte, aber Betty überredete sie schließlich, es doch zu tun. Es war allerdings ein schweres Stück Arbeit.

Jetzt kommt der schrecklichste Teil der Geschichte: Natürlich vergaß Betty, Herman zurückzugeben. Sie behielt ihn einfach. Anya war wütend und wollte ihr die Augen auskratzen. Aber das hätte nichts genützt. Denn Hermann wollte gar nicht zu Anya zurück.

Betty und Herman verlobten sich – mit Ringen, Verlobungsfeier, dem ganzen Brimborium. Nach angemessener Zeit heirateten sie. Betty war eine weiße Braut, und eine Hochzeitskutsche brachte das Paar von der Kirche zum Festsaal. Ihre Hochzeitsnacht war wunderbar. Als sie von der Hochzeitsreise zurückkamen, zogen sie in ein modernes Haus mit einer wunderschönen Küche, in der buchstäblich alles vorhanden war. Es hätte nicht idealer sein können. Betty machte Tee für zwei. Er gelang ihr gut, obwohl sie sich in der Küche ihrer Mutter nie besonders hervorgetan hatte. Der Tee war gut und stark.

»Er würde noch besser schmecken, wenn wir ein Stück Kuchen dazu hätten«, meinte Herman. Und Betty hatte eine Idee.

»Weißt du was?« sagte sie. »Ich backe uns einen. Lauf du schnell zur Nachbarin hinüber und frag sie, ob sie uns ein Kochbuch mit Kuchenrezepten borgen kann.«

Das lehnte Herman ab.

»Ich finde, es ist keine gute Idee, unsere Nachbarn gleich am ersten Tag damit zu belästigen, daß wir uns etwas von ihnen ausborgen«, wandte er ein.

Also ging Betty selbst und lieh sich das Kochbuch aus. Sie suchte sich das richtige Rezept heraus und las es sehr sorgfältig. Dann knallte sie das Buch zu und lief in die Diele.

»Wohin gehst du, Liebling?« rief Herman ihr nach. »Ich dachte, du willst uns einen Kuchen backen.«

»Das will ich auch; ich muß nur noch schnell mal zur Nachbarin, um mir etwas auszuborgen.«

Einen Augenblick später klingelte sie bei der Nachbarin.

»Da bin ich wieder«, sagte sie mit ihrem bezauberndsten Lächeln, als die Frau des Hauses öffnete. »Vielen Dank, daß Sie mir Ihr Kochbuch geliehen haben.« Dann zog sie einen Zettel aus der Tasche.

»Oh, Mrs. Hansen, und könnten Sie mir jetzt noch ein Pfund Mehl, ein Pfund Zucker, ein Pfund Butter, vier Eier und einen Teelöffel Salz, einen Teelöffel geriebene Zitronenschale, eine Vanillestange und eine Kuchenform leihen?«

Bevor du als Bräutigam zum Altar schreitest

Bevor du als Bräutigam zum Altar schreitest, junger Mann, auf deinem letzten langen, nicht unbedingt freiwilligen Weg als Junggeselle, beherzige eines: Die Ehe ist die einzige lebenslängliche Strafe, die nicht wegen guter Führung verkürzt wird. Du hast also keine Begnadigung zu erwarten.

Es gab einmal eine Frau, die aus folgendem Grund nicht an der Hochzeit ihrer Tochter teilnehmen wollte:

»Warum sollten wir zu ihrer Hochzeit gehen, da sie es nicht für nötig hielt, ihre Eltern zu ihrer Taufe einzuladen, wie sich das wohl gehört hätte.«

Der überzeugte Junggeselle hat endlich in den sauren Apfel gebissen und geheiratet. Große Hochzeit. Sehr schöne Heiratszeremonie, bei der der Pfarrer viele zu Herzen gehende Worte spricht. Ein paar Tage später beschließt der Bräutigam daher, dem Pfarrer ein paar Dankesworte zu schreiben, weil er so viel zum Gelingen der Hochzeitfeier beigetragen hat.

Der kurze Brief hat folgenden Wortlaut: *Lieber Pfarrer Jones, ich bin Ihnen zu tiefstem Dank verpflichtet für die wunderbaren Worte, mit denen Sie kürzlich meinem glücklichen Leben ein Ende setzten.*

Folgendes erzählt man sich von einem weiblichen Hollywoodstar, der sich von seinem frisch angetrauten Ehemann über die Schwelle ihres gemeinsamen neuen Heims tragen ließ: »Liebling«, sagte die Diva, »dieses Haus kommt mir so

»Du fragst, was für eine Hochzeit?
Unsere Hochzeit, George.«

bekannt vor. Bist du ganz sicher, daß wir noch nie miteinander verheiratet waren?«

Meine lieben Jungvermählten, die Ehe hat große Ähnlichkeit mit einem Mineralwasser. Wenn das Prickeln vorbei ist, wird das Ganze eine ziemlich fade Angelegenheit.

Es gibt viele, die bereitwillig zugeben, daß sie an dem Tag einen großen Fehler begingen, an dem sie sich in ein Grübchen verliebten und gleich das ganze Mädchen heirateten.

Er hat eben zum drittenmal geheiratet. Als die zahlreichen Trinksprüche allmählich zu wirken beginnen, vertraut er einem Hochzeitsgast an: »Das habe ich schon seit jeher gesagt – eine gute, liebende, gutgebaute Ehefrau – davon kann man nie genug kriegen.«

Jungverheirateter Ehemann, du armer Teufel! Du wirst bald entdecken, daß eine Frau immer recht hat und daß der Versuch, ihr mit vernünftigen Argumenten zu kommen, ebenso vergeblich ist wie der, elektrisches Licht ausblasen zu wollen wie eine Kerze.

Ein Ehemann, der sich auf dem Fußballplatz ein Spiel Dänemark gegen Schweden ansieht – ein Spiel, in dem laufend Elfmeter gegeben werden, in dem Dänemark in der ersten Halbzeit acht zu null führt, in dem in der zweiten Halbzeit drei schwedische Spieler vom Platz gestellt werden, was die Schweden so heiß macht, daß sie nicht nur den Ausgleich erzielen, sondern in der letzten Sekunde noch durch ein wahres Traumtor gewinnen – der Ehemann, der sich ein solches Spiel live auf dem Platz ansieht und trotzdem nur an seine hübsche Frau zu Hause denken kann – ein solcher Ehemann ist wirklich noch verliebt.

Liebe Jungvermählte, Liebe ist wie eine Krankheit, die so ernst ist, daß man die Symptome nicht übersehen kann, und für die es nur ein Heilmittel gibt – man muß ins Bett, und das so schnell wie möglich.

Wieviel Geld sollte ein junges Paar in diesen inflationären Zeiten verdienen, damit es sich leisten kann, zu heiraten? Eine genaue Zahl zu nennen, wäre schwierig, aber ich glaube mich nicht verkalkuliert zu haben, wenn ich sage, es müßte mindestens das Doppelte sein.

Hindernisse in einer Hochzeitsnacht

Maggie und Dougie McGregor machten ihre Hochzeitsreise in die Staaten. Nie hätten sie gedacht, daß eine im Dunkeln verbrachte Hochzeitsnacht zum Alptraum werden könnte. Später, als sie wieder zu Hause in Schottland waren, erzählte Dougie seinen Freunden, den anderen Stammgästen des »Ye Olde Hen«, immer wieder die Geschichte von seiner verkorksten Hochzeitsnacht, die Sie jetzt mit seinen eigenen Worten hören sollen . . .

Erinnern Sie sich noch an den Tag – vielmehr die Nacht vor ein paar Jahren, als in New York die Lichter ausgingen? Damals wurde eine Menge darüber geschrieben. Die New Yorker Bürger waren ziemlich geschockt, als ihnen klar wurde, wie abhängig eine große Stadt vom elektrischen Strom ist. Vielleicht aber haben Sie den großen *BLACK OUT* von New York auch schon vergessen. Dougie McGregor aus Aberdeen wird er jedoch unvergeßlich bleiben. Er war gerade auf Hochzeitsreise dort, als die Finsternis über den *Big Apple* hereinbrach. Was Dougie dann erlebte, ergibt eine gute Story, und er kann gewiß von sich behaupten, seine Hochzeitsnacht auf höchst ungewöhnliche Weise verbracht zu haben. Doch jetzt wollen wir ihn selbst zu Wort kommen lassen:

Tja also, Jungs und Mädels ich weiß ja nicht, ob jemand von euch schon mal in einem Hilton Hotel abgestiegen ist, aber es ist schon ein riesiger Kasten. Maggie und ich wohnten jedenfalls auf unserer Hochzeitsreise – ein langes Wochenende mit Stadtrundfahrt – in einem Hilton, das nicht weniger als einhundert Stockwerke hatte. Unsere Hochzeitssuite lag im achtundachtzigsten Stockwerk, und wir hatten eine herrliche Aussicht auf die Brooklyn Bridge. Aber die Nacht, von der ich erzählen will, unsere Hochzeitsnacht verbrachten wir zum größten Teil damit, uns die Aussicht aus der Bar im Erdgeschoß zu betrachten. Wir hatten nämlich meinen alten Freund Hector McTavish getroffen, der ebenfalls ein Zimmer im achtundachtzigsten hatte. Er lud uns zu einem Schlummertrunk ein, und deshalb saßen wir in der Bar. Wir bestellten einen Whiskey, einen Glen Gloming mit drei Strohhalmen. An dem nuckelten wir herum, bis die Bar dichtmachte. Ein richtig zünftiger Abend war das! Obwohl das Wasser des Lebens dort drüben unverschämt teuer ist. Als die Bar geschlossen wurde, wanderten wir durch die große Halle zu den Aufzügen, um in unsere Hochzeitssuite im achtundachtzigsten zu fahren. Aber gerade als wir drei in den Aufzug stiegen – bumsfallera! Alle Lichter um uns rum gingen aus. Was für ein Chaos! Der Liftjunge organisierte im Hotelrestaurant ein paar Kerzen, und ein Typ am Empfang verkündete, es handle sich um einen allgemeinen Stromausfall – nicht nur im Hotel, sondern in ganz New York. Daher konnten die Aufzüge selbstverständlich nicht benutzt werden.

»*Ah diah*«, jammerte Hector auf gälisch. »Wie sollen wir denn je ins achtundachtzigste Stockwerk kommen?«

»Sie müssen die Treppe nehmen, Sir.«

Man drückte jedem von uns eine Kerze in die Hand, und dann waren wir auf uns selbst gestellt.

»Wir werden schon auf halbem Weg vor Entkräftung zusammenbrechen«, sagte Maggie, mein geliebtes Weib.

»Und was wird aus unseren Schuhsohlen«, meldete sich Hector zu Wort. »Neue Sohlen sind nicht billig, besonders wenn man sie mit Dollars bezahlen muß.«

Schweigend zogen wir Schuhe und Strümpfe aus, um sie zu schonen, und begannen im Schein der flackernden Kerzen den Aufstieg. Ungefähr nach sechs Stockwerken machten wir Rast, um wieder zu Atem zu kommen.

»Das schaffe ich nie!« sagte Hector seufzend, offenbar nicht in bester Verfassung.

»Wir könnten in die Halle zurückgehen und dort auf einem Sofa schlafen«, schlug ich vor.

»Und was wird aus unserer teuren Hochzeitssuite?« jammerte Maggie. »Wenn wir sie bezahlen müssen, wollen wir sie auch benutzen, sonst hätten wir das Geld ja gleich zum Fenster rauswerfen können.«

Sie hatte natürlich recht, meine Süße. Mich schauderte bei dem Gedanken, ein teures Zimmer bezahlen zu müssen, ohne es bewohnt zu haben. Also ließ ich mir etwas anderes einfallen.

»Jetzt hört mal zu«, sagte ich. »Denken wir ganz einfach an etwas anderes als an diese gottverdammten Treppen. Wir müssen etwas finden, das unsere Gedanken beschäftigt – und ehe wir's uns versehen, sind wir im achtundachtzigsten Stockwerk angelangt, Hector, du kennst einen Haufen zweideutiger Witze. Du erzählst uns jetzt bis zum dreißigsten Stockwerk ein paar davon. Aber bleib bitte im Rahmen, wir sind in Damengesellschaft. Vom dreißigsten bis zum sechzigsten Stockwerk erzählt Maggie uns Schottenwitze, aber hoffentlich keine, die wir schon zu oft gehört haben. Und auf der letzten Etappe erzähle ich euch einen oder zwei haarsträubende Thriller.«

Sie hielten das für eine gute Idee. Also setzten wir unseren Aufstieg über die Treppen des Hilton fort, während uns Hector einen schlüpfrigen Witz nach dem anderen erzählte, ohne aus dem Rahmen zu fallen, da eine Dame anwesend war. Er kannte viele Witze, die wir noch nie gehört hatten. Maggie, meine süße Braut, und ich lachten und kicherten und vergaßen ganz, die Stufen zu zählen. Im Handumdrehen hatten wir unser erstes Ziel, das dreißigste Stockwerk erreicht. Wir setzten uns auf die oberste Stufe, um auszuruhen. Als unsere Herzen nicht mehr hämmerten und wir wieder zu Atem gekommen waren, kletterten wir fröhlich weiter.

»Er hat versucht zu fliehen, Mami.«

Maggie begann ihre Schottengeschichten zu erzählen. Zwar kannten wir diese und jene bereits, doch Maggie erzählte so originell, daß wir aufmerksam zuhörten und die letzten Stufen vergaßen. Es war natürlich nicht leicht. Wir gingen ein bißchen schleppender, erreichten aber das sechzigste Stockwerk.

»Wau!« Seufzend ließ Maggie sich auf die oberste Stufe fallen. »Was für eine Mühsal! Ich hätte nie gedacht, so außer Atem zu kommen – nicht einmal in meiner Hochzeitsnacht.«

Hector sank ebenfalls ermattet auf die Stufe.

»Ein Königreich für ein Glas von 'Deidre's Farewell' aus dem besten Faß, das es in Ye Olde Hen gibt!« stieß er keuchend hervor. »Das ist schlimmer, als ich dachte. Ich fürchte, mein Herz macht nicht mehr mit. Ich kann nicht mehr weiter, Freunde. Ich muß mich für den Rest der Nacht hier ausstrecken. Klettert allein weiter. Wenn ihr es schafft, habt ihr wenigstens etwas von eurer kostspieligen Hochzeitssuite, so daß das Geld nicht ganz hinausgeworfen ist.«

»Komm, wir helfen dir und stützen dich«, schlug meine gute und warmherzige Maggie vor.

»Kommt nicht in Frage«, protestierte Hector. »Ich will euch nicht zur Last fallen. Ihr habt die Hochzeitssuite gemietet und müßt sie bezahlen – mit oder ohne elektrischen Strom. Also sollt ihr sie auch benutzen. Macht euch um mich keine Sorgen.«

»Reiß dich zusammen!« sagte Maggie eigensinnig. »Es sind nur noch achtundzwanzig Stockwerke. Und jetzt wird Dougie, mein geliebter Bräutigam, uns seine haarsträubenden Thriller erzählen. Hör genau zu, dann wirst du vergessen, wie müde du bist.«

Also riß sich Hector zusammen, und wir stiegen langsam und mühselig weiter. Allmählich machte sich in der dünnen Luft unter den Wolken auch schon Sauerstoffmangel bei uns bemerkbar, und wir fingen an, nach Luft zu schnappen.

»Ihr entschuldigt, wenn ich immer wieder eine kleine Pause einlege«, begann ich, »aber diese Kletterei hat auch an meinen Kräften gezehrt. Aber – wenn . . .« Ich mußte kurz unterbrechen, und wir gingen schweigend weiter, während ich versuchte, wieder zu Atem zu kommen.

»Jetzt kriegt ihr eine Story zu hören, bei der es euch eiskalt überrieseln wird. Es gab einmal ein junges Paar, das eben erst geheiratet hatte. Maggie und Dougie und ihren guten Freund Hector MacTavish. Alle drei wohnten im Hilton Hotel in New York. Maggie und Dougie in der Hochzeitssuite im achtundachtzigsten Stockwerk und Hector in einem kleinen Einzelzimmer am Ende des Flurs, zufällig auch im achtundachtzigsten Stockwerk . . .«

»Hör auf!« protestierten Maggie und Hector gleichzeitig, während sie, schon fast völlig außer Atem, die gräßliche Kletterei fortsetzten. »Du hast versprochen, daß du uns einen haarsträubenden Thriller erzählst«, fuhr Maggie fort. »Das ist aber kein Thriller.«

»Oh, und ob das einer ist«, antwortete ich. »Das werdet ihr gleich merken, wenn ihr erfahrt, was Dougie feststellte, als sie endlich das siebenundsiebzigste Stockwerk erreicht hatten. Zu seinem größten Entsetzen – und was für ein Schock das war, mein Gott! – entdeckte er, daß er vergessen hatte, sich am Empfang den Schlüssel zur Hochzeitssuite geben zu lassen.«

Das größte Problem der jungen Ehe

Das größte Problem einer jungen Ehe in diesen verrückten Zeiten ist die Suche nach einem Babysitter, damit man auf Hochzeitsreise gehen kann.

Und jetzt ein kleines Rätsel. Was ist das? Die meisten von uns essen es früher oder später, obwohl feststeht, daß es im Hinblick auf das künftige Leben eine der gefährlichsten Speisen ist, die es gibt. Sie geben auf?

Es ist ein Stück Hochzeitstorte.

Wir sind jetzt in der Kirche. Nach der Trauungszeremonie küßt der Bräutigam die reizende Braut, wie es Brauch ist.

Der kleine Henrik, der in einer der letzten Bankreihen neben seiner Mutter sitzt, flüstert ihr zu: »Ist das jetzt die Bestäubung?«

Junggesellen wissen alles über Frauen, aber sehr wenig über sich selbst. Und die Wahrheit über sich erfahren sie erst, wenn sie verheiratet – also keine Junggesellen mehr sind.

Die wettergegerbte alte Teerjacke ist Gast bei einer Hochzeit. Beim Hochzeitsessen küßt sich das glückliche junge Paar einmal leidenschaftlich. Der alte Seemann schüttelt sich und brummt mit tiefster Überzeugung vor sich hin:

»Der Teufel soll mich holen, wenn ich jemals heirate . . .Ich tät's nicht, und wenn sie einen Lippenstift erfinden würden, der nach Schnupf- und Kautabak schmeckt.«

Eine moderne Ehe besteht zweifelsfrei aus einem »Do-it-your-self-Mann« und einer »Du-fängst-am-besten-bald-damit-an-Frau«.

Ein Mann kommt in das Büro eines Musikverlegers und fragt, ob man an einem neuen Hochzeitsmarsch interessiert sei, den er komponiert habe.

»An einem Hochzeitsmarsch?« fragte der Verleger höhnisch. »Du liebe Güte, nein! So was geht heut kaum noch. Was wir brauchen könnten, wäre eine flotte Scheidungspolka.«

Sollte jemand einmal eine Kosten-Nutzen-Analyse erstellen, käme er wahrscheinlich zu dem Ergebnis, daß der Nutzen der Hochzeitsnacht wesentlich geringer ist, als die Kosten der Hochzeitsfeier sind.

Und dann gibt es noch die grimmige Geschichte von der Braut, die ihrem Bräutigam nach der Trauung zuflüstert:

»Himmel! Wird mein Mann wütend sein, wenn er das erfährt!«

Frauen haben die merkwürdige und unrealistische Vorstellung, daß Männer durch die Ehe bessere Menschen werden. Zu spät machen Frauen die Erfahrung, daß es sein bester Charakterzug ist, sich nicht zu verändern.

Wenn ein Mädchen erklärt: »Ich möchte ihn nicht haben, und wenn er der letzte Mann auf Erden wäre!«, dann kommt das vielleicht daher, daß sie diesen besonderen Ihn einmal einfangen wollte und er das Glück hatte, zu entkommen.

Das Mädchen, das nur durch List gewonnen werden konnte

Nicht zu allen Mädchen kann man einfach »hallo« sagen, und schon wenige Minuten und ein paar Schmeicheleien später lassen sie sich herzen und küssen und vielleicht sogar noch mehr. Lotte gehörte zu diesen Mädchen. Sie ließ sich nicht einmal einen kleinen Kuß abschmeicheln. Henrik wollte sie heiraten, aber bald wurde ihm klar, daß er das – wenn überhaupt – nur mit Hilfe einer List bewerkstelligen konnte.

Lotte war eine reine Schönheit im wahrsten Sinn des Wortes. Sie war ganz anders, als die Mädchen, die Henrik bisher gekannt hatte. Das heißt, so viel hatte er auch noch nicht gekannt. Er war eben fünfzehn geworden, und es gab ein paar Mädchen, mit denen er im Kino, in der Discothek oder vor der Haustür geschmust hatte.

Aber Lotte war anders. Im Wohnzimmer ihrer Eltern stand eine Orgel, und Lotte war so streng erzogen worden, daß niemand sie anfassen durfte. Ihre Mutter vergaß nicht, ihr einzuimpfen, wie ein anständiges junges Mädchen sich zu benehmen hatte, und vor allem, was ein anständiges junges Mädchen auf keinen Fall dulden durfte. Vor allem durfte sie es nicht zulassen, daß irgendein Kerl sie küßte und betatschte. Lottes Eltern hatten sie in der Schule auch vom Sexualkundeunterricht befreien lassen, so daß sie ganz unschuldig und völlig unwissend blieb. Henrik kannte sie seit vier Monaten und hatte bisher nicht einmal den Schatten eines Kusses von ihr bekommen. Zuerst hatte er geglaubt, sie ziere sich nur – ziere sich viel zu sehr. Wäre er nicht so verrückt nach ihr gewesen, hätte er ihr gesagt, sie solle abhauen, und sie nie wieder angesehen. Aber er dachte Tag und Nacht an sie. Dreimal hatte er versucht, sie zu küssen.

Das erstemal, als sie sich im Kino einen Western angesehen hatten. Als Held und Heldin in den Clinch gingen und er ihr einen Haufen süßer Nichtigkeiten ins Ohr flüsterte, so daß sie weiche Knie bekam – da beschloß Henrik, diesen Moment auszunutzen. Jetzt oder nie! dachte er. Er legte den Arm um Lotte, zog sie an sich und suchte im Dunkeln ihre Lippen.

Aber herrje! Er hätte es nie versuchen dürfen. Lotte stieß ihn weg, begann zu schreien und erklärte ihm, er solle sich schämen – und das so laut, daß es im ganzen Kino zu hören war. Der Film mußte unterbrochen und die letzte Rolle noch einmal gezeigt werden, da niemand mehr auf die Leinwand geschaut hatte. Das Publikum interessierte sich viel mehr für die Szene, die Lotte machte. Es war ein Vergnügen, zuzuhören, wie sie diesen frechen Kerl abkanzelte.

Das zweitemal versuchte Henrik, sie auf der hintersten Sitzbank eines Busses zu umarmen und ihr einen Kuß auf die Lippen zu drücken. Er dachte nämlich, sie habe einen Augenblick in ihrer Wachsamkeit nachgelassen. Rasch zog er sie an sich und versuchte, sie schnell zu küssen. Bei Jupiter! Sie wurde vielleicht wütend! Sie geriet so außer sich, daß sie Henrik an den Haaren zog, mit den Füßen nach ihm trat und schrie, das sei das Gemeinste und Empörendste, das man je versucht habe ihr, anzutun. Der Busfahrer drehte sich um, um nachzusehen, was passiert war, und rammte mit dem Bus einen Möbelwagen, der zwölf Klaviere geladen hatte. Sie fielen heraus, zerbrachen und verursachten einen Verkehrsstau; die Polizei brauchte drei Stunden, um die Straße zu räumen.

Der dritte Versuch, Lotte zu umarmen und zu küssen, schlug ebenso fehl wie die beiden anderen. Sie waren in einer Discothek gewesen, hatten getanzt und Cola getrunken. Später brachte Henrik Lotte nach Hause. Vor ihrer

Haustür verlor er die Beherrschung, packte Lotte und versuchte, sie zu küssen. Du grüne Neune! Sie machte ihm wirklich die Hölle heiß, schrie ihn an, sie werde ihre Mutter, ihren Vater, ihren älteren Bruder, die Feuerwehr und die Polizei alarmieren, wenn Henrik sich nicht sofort entschuldige. Sie schrie so laut, daß sie die ganze Nachbarschaft weckte. Lichter gingen an, und die Straße hinauf und hinab flogen die Fenster auf. Nachdem die Leute eine Zeitlang zugehört hatten, entschieden sie sich dafür, alle Polizeieinheiten samt der Hundeführerstaffel zu rufen, da dieser Henrik ein ungewöhnlich gefährlicher Mensch sein mußte.

So konnte es natürlich nicht weitergehen. Entweder mußte Henrik Lotte völlig aufgeben oder sie mit einer List für sich gewinnen. Er wählte die zweite Möglichkeit.

Heute, fünf Jahre später, sind sie glücklich verheiratet. Und Lotte hat nichts dagegen, daß Henrik sie umarmt und küßt. Im Gegenteil.

»Ich hatte nur Angst vor dem Küssen, bevor ich den ersten Versuch gewagt hatte«, sagt sie heute mit einem um Entschuldigung bittenden Lächeln. »Und das andere – zusammen ins Bett gehen und miteinander schlafen ist genauso wunderbar und nichts, wovor man sich fürchten müßte, wie meine Mutter und Großmutter immer behaupteten.«

Und so küssen Lotte und Henrik sich so zärtlich und leidenschaftlich, daß kleine Cherubim mit rosa Flügeln über ihren Köpfen zu schweben scheinen.

Sie fragen, was sich Henrik vor fünf Jahren für eine List einfallen ließ? Nun ja, nach dem dritten mißlungenen Versuch, Lotte einen Kuß zu stehlen, wußte er, daß er den vierten sehr genau planen mußte, wenn er Erfolg haben wollte.

Eines Tages erlaubte ihm Lotte, sie von der Oberschule nach Hause zu begleiten. Unterwegs kamen sie an der Hauptbibliothek vorbei, und Henrik sagte:

»Oh, fast hätt' ich's vergessen. Ich muß mir ein Buch über die Französische Revolution holen.«

»Ich komme mit«, sagte Lotte . . .

Henrik hatte fest gehofft, daß sie das sagen werde. Sie gingen in den Lesesaal, in dem es so still war wie in einer ägyptischen Gruft. Auf Zehenspitzen schlichen sie von einem Regal zum anderen, während Henrik so tat, als suche er das Buch, das er brauchte. Und dann geschah es. Als er sicher war, daß niemand hersah, packte er Lotte, zog sie fest an sich und gab ihr einen langen, langen, wunderschönen Kuß. Es war so herrlich, daß sogar Henrik weiche Knie bekam.

Als er sie losließ und Lotte den Mund öffnen wollte, um lauthals zu protestieren und ihn zu beschimpfen, zeigte Henrik auf ein Schild an der Wand:

UM ABSOLUTE RUHE IN DER BIBLIOTHEK WIRD GEBETEN

Ein weiser Rat für den Bräutigam

Ein weiser Rat für den Bräutigam ist immer willkommen. Vergiß nicht, lieber Bräutigam, du hast eine gute Chance, eine lange Ehe unbeschädigt und in einem Stück zu überstehen, wenn du stets darauf achtest, daß du nie derjenige bist, der zuerst einschläft, und nie derjenige, der als letzter aufwacht.

Was ist damit gemeint, wenn ein Mädchen heiratet und alle Welt sagt: »Was für einen guten Mann sie bekommen hat!«

Daß er ein Typ ist, der seiner Ehefrau aufs Wort gehorcht.

Der junge und frischgebackene Ehemann kommt nach einem schweren Arbeitstag müde nach Hause. Seine junge hübsche Frau läuft ihm zur Tür entgegen und zieht ihn in die Diele. Sie küßt ihn zärtlich und sagt dann begeistert:

»Was hältst du von einem köstlichen Filet Mignon mit sautierten Pilzen, *pommes paille*, Gartenbohnen und pürierten Perlzwiebeln – deinem Lieblingsessen – und hauchdünnen Pfannkuchen, leicht mit Grand Marnier beträufelt und viel Schlagsahne zum Nachtisch?«

»Na ja«, sagt der jungverheiratete Ehemann hastig, »das klingt phantastisch – doch andererseits . . . Glaubst du nicht, wir sollten lieber nicht soviel Geld ausgeben und versuchen, zu Hause zu kochen?«

Einen großen Teil seines Lebens verbringt ein Mann damit, die ideale Frau zu suchen – doch wenn er sie endlich findet, ist sie längst verheiratet.

»Hörst du mir zu, Oskar . . .«

Jeder unerfahrene Mann kann ein Mädchen finden und heiraten. Das ist keine Kunst. Eine Kunst ist es hingegen, und dazu gehört ein Mann mit Erfahrung, ein Mädchen zu finden und es loszuwerden, bevor es soweit kommt.

In dieser gehetzten modernen Zeit verbringt die jungverheiratete Frau die langen dunklen Abende nicht mit Nadel und Faden. Heutzutage eine Nähnadel in der Hand einer jungverheirateten Frau zu finden, ist ebenso schwierig, wie die berühmte Nadel im Heuhaufen zu entdecken.

Sie hatten beschlossen, zu heiraten, und saßen jetzt in dem dämmrigen Zimmer eng umschlungen auf dem Sofa. Dann seufzte sie, von Liebe überwältigt, voller Leidenschaft und sagte atemlos: »Ach, Konrad, du weißt nicht, wie glücklich es mich machen wird, deine Sorgen zu teilen.«

»Aber – aber ich habe keine Sorgen«, antwortete Konrad verblüfft.

»Nicht jetzt, natürlich . . . Doch wenn wir erst verheiratet sind, kommen sie ganz von selber.«

Wenn ein Mann bei uns eine Braut nimmt, hat er sie sein Leben lang auf dem Hals. Anders in Indien. Obwohl die Maharadschas ganze Harems haben, sondern sie laufend aus, was nicht mehr taufrisch ist. Nehmen wir zum Beispiel den Maharadscha von Magipur. Eines Tages sucht er mit einer seiner Frauen den Sklavenhändler auf dem Markt auf und sagt zu ihm:

»Ajoy, ich schlage dir einen Tauschhandel vor. Ich geb' dir diese Vierzigjährige, und du gibst mir zwei Zwanzigjährige dafür.«

Die junge frischgebackene Ehefrau sitzt in ihrem kleinen, modernen Haus am Küchentisch. Sie ist mit einer komplizierten Rechnung beschäftigt, rechnet und rechnet, daß ihr Bleistift Funken zu sprühen scheint. Und plötzlich hat sie die

Lösung. Voller Begeisterung ruft sie zu ihrem Mann ins Wohnzimmer hinüber.

»Carlo, wenn wir nur einen einzigen Monat die Miete nicht bezahlen und mit den Raten für den Kühlschrank, den Videorecorder, den Tiefkühlschrank, die Möbel, den Staubsauger, die Waschmaschine und den Wohnwagen ebenfalls einen Monat aussetzen, dann hätten wir die Anzahlung für den phantastischen Sportwagen beisammen, den wir gestern in der Stadt gesehen haben.«

Glück dauert nicht ewig

Ein junges Paar, das eben einen gemeinsamen Hausstand gegründet hat, muß sich dessen bewußt sein, daß zu einer glücklichen Ehe mehr gehört als ein breites Doppelbett. Gedankenlose Worte, ein Abweichen von dem in einer Ehe üblichen Weg, können das Glück eines jungen Paares zerstören, und die Ehe kann an den Rand einer Katastrophe geraten.

Karin und Konrad waren sehr glücklich. Worte können nicht beschreiben, wie glücklich. Daher versuchen wir's erst gar nicht und erwähnen nur, daß sie genau vierzehn wunderbare Tage verheiratet waren. Sie hatten ihr neues Heim eingerichtet, wie es die jungen Leute heutzutage lieben, und alles funktionierte perfekt – von der gesteppten Jacquardmatratze in ihrem modernen Kistenrahmen bis zu den zeitlosen Kenia-Safari-Ledersesseln, die den offenen Kamin flankierten.

Doch welches junge Glück dauert schon ewig?

Und muß das Glück nicht ab und zu mit einem kleinen bißchen Unglück gemischt werden, so daß man das Glück intensiver empfindet, wenn man nicht mehr unglücklich ist?

Und oh, wie groß war das Unglück, das über Karin hereinbrach, als eines Abends Irene anrief und Konrad sprechen wollte. Karin war nicht nur unglücklich, sie war auch wütend, fühlte sich verletzt und diese Mischung stürzte sie in Verzweiflung. Sie . . .Nein, verfolgen wir das Drama von dem Moment an, in dem das Telefon klingelte.

Karin sprang auf und nahm ab.

»Hallo?«

Sie hörte kurz zu, reichte dann den Hörer an Konrad weiter und sagte mit einer Stimme, die so kalt war, daß jedes Wort vereist schien:

»Es ist eine Frau!«

Konrad stand auf und nahm den Anruf entgegen.

»Ja hallo, Irene! Wie geht's dir denn? Es ist wirklich lange her. Was treibst du denn so?«

Irene berichtete.

Als Konrad wieder zu Wort kam, beeilte er sich, ihr mitzuteilen, daß er jetzt verheiratet sei. Irene sagte, sie habe ihn zu einer Party einladen wollen. Da zufällig kein anderer ihrer männlichen Bekannten Zeit habe, habe sie an Konrad gedacht. Schließlich hätten sie sich früher sehr gut gekannt.

»Tut mir schrecklich leid, aber wie ich schon sagte, bin ich jetzt verheiratet. Ich hoffe, du verstehst, daß ich am Sonnabend nicht mit dir ausgehen kann. Aber ruf mich wieder mal an!«

Und mit einem neckenden Blick zu Karin hinüber, fügte er hinzu: »Man kann ja nie wissen, wie lange so was dauert. Ha . . .Ha! Danke für den Anruf, und paß auf dich auf!«

Er legte auf.

»Das war Irene«, begann er und hielt plötzlich verwirrt und mit leicht ängstlicher Miene inne. Er war über den Blick bestürzt, mit dem Karin ihn maß.

»Ach, du weißt also nicht, wie lange es dauern wird«, sagte sie, jedes Wort betonend, die Hände im Zorn geballt.

»Aber hör doch auf«, versuchte er sich zu verteidigen. »Das war nur ein Witz. Ich hab's nur gesagt, um dich ein bißchen zu necken. Aus Spaß. Irene hat mir nie etwas bedeutet. Sie ist ein ganz durchschnittliches Mädchen, das hin und wieder einen Begleiter sucht, der mit ihr ausgeht. Es ist überhaupt nichts Besonderes an ihr. Na schön, bevor ich dich kannte bin ich mit ausgegangen. Aber es hat mir nie etwas bedeutet. Bis zu ihrem Anruf hatte ich sie buchstäblich vergessen . . .«

Karin machte auf dem Absatz kehrt und verschwand in der

Küche. Sie setzte sich vor der Frühstückstheke auf einen Hocker und weinte herzzerreißend. Konrad kam ihr nach und legte ihr die Hand auf die Schulter, um sie zu trösten.

»Rühr mich nicht an, du – du Biest!« Sie sprang auf.

»Aber Karin, Liebling . . .«

»RAUS! SOFORT!«

Sie sah sich nach einem Gegenstand um, mit dem sie schmeißen konnte. Zum Glück war das teure Speiseservice, das sie von ihrer Familie bekommen hatte, im Schrank gut aufgehoben. Aber auf der Theke standen ein paar billige Teller. Sie packte sie und schmiß sie so fest auf den Boden, daß die Splitter durch die ganze Küche flogen. Dann packte sie den Schneebesen, ein hölzernes Schneidebrett, eine halbe Zitrone, eine Büchse Orangentee und bombardierte das *BIEST* Konrad, daß ihm Hören und Sehen verging. Er duckte sich und brachte sich rasch aus dem Zielbereich ihrer Geschosse.

Karin blieb ein paar Sekunden stehen und wußte nicht, was tun. Im tiefsten Innern war sie sehr froh, daß sie Konrad mit ihren Wurfgeschossen nicht verletzt hatte. Das schwere Holzbrett hätte ihm sehr weh tun können, besonders wenn sie damit Konrads Brille getroffen hätte.

»Sie lief ins Schlafzimmer, knallte die Tür zu und sperrte sich ein. Schluchzend warf sie sich aufs Bett und weinte zwanzig Minuten lang. Dann stand sie auf, ging zu ihrem Toilettentisch und wischte sich die Tränen ab, während sie immer mit einem Auge zur Tür schielte. Er hätte doch wenigstens einen Zettel durchschieben können auf dem er ihr schrieb, es tue ihm leid oder etwas Ähnliches.

Was machte er? Sie lauschte. Also wenn das nicht dem Faß den Boden ausschlug! Wie konnte er so unsensibel sein! Er sah sich im Fernsehen ein Fußballspiel an, obwohl er einer der Hauptakteure war. Ihre bisher so glückliche Ehe war in eine tiefe Krise geraten und drohte zu zerbrechen; ihre ganze Welt war in Auflösung begriffen, und da saß er, der Idiot, und schrie den Fernseher an:

»So schieß doch, du Nachtwächter!«

Das würde ihm noch leid tun. Bitter bereuen würde er das!

Fünf Minuten später riß sie die Wohnzimmertür auf. Sie trug in jeder Hand einen Koffer und war reisebereit. Konrad sprang auf. Er sah erschrocken und verwirrt aus.

»Aber Karin«, sagte er und plötzlich aufsteigende Tränen würgten ihn. »Du kannst nicht einfach . . .«

»Und ob ich kann! Ich gehe zu meiner Mutter zurück.«

Wieder machte sie auf dem Absatz kehrt und strebte energisch auf die Haustür zu. Der arme, am Boden zerstörte, verwirrte Konrad dackelte hinter ihr her.

Mit der Hand auf der Klinke zögerte sie einen Augenblick. Da klingelte es. Karin zuckte zusammen. Als sie die Tür öffnete, erschrak sie ein wenig, denn vor ihr stand ihre Mutter, zwei große Koffer neben sich und Tränen in den Augen.

»Ich habe deinen Vater verlassen, dieses Biest!« rief sie, brach in Tränen aus und warf sich Karin in die Arme.

Was zu einer Ehe gehört

Einem alten, erprobten und wahren Sprichwort zufolge, gehören zu einer Ehe ein Mann, eine Frau und zwei Sklaven.

Macht *summa summarum: ZWEI*

Kennen Sie die Definition für einen naiven Ehemann? Nun, das ist ein Mann, der unerwartet von einer Geschäftsreise zurückkommt, und im Schlafzimmer einen Aschenbecher voller Zigarrenreste findet. Als er sie sieht, ruft er glücklich:

»Gott sei Dank! Meine Frau hat aufgehört, Zigaretten zu rauchen!«

Die junge Ehefrau, die sich nichts auf ihren frischgebackenen Ehemann einbildet, kann man mit einer Königin vergleichen, die auf ihre Krone nicht stolz ist.

Ein funkelnagelneues Heim kurz nach der Hochzeit. Die in doppeltem Sinn junge Ehefrau ruft aus der Küche:

»Benny!«

»Ja, Gurli, mein Herz?«

»Willst du mir beim Geschirrspülen helfen?«

»Nein, Gurli, mein Herz!«

»Was soll denn das? Als wir heirateten, hast du feierlich gelobt, mir durch Feuer und Wasser zu folgen.«

»Das stimmt, mein Herz – aber damit war kein Spülwasser gemeint.«

Das junge Ehepaar ist auf Hochzeitsreise und im besten Hotel der Stadt abgestiegen. Im Hotelrestaurant, wo sie zu

»Du hast wirklich einen seltsamen Humor, Schätzchen . . .«

Abend essen wollen, reicht man den beiden goldgerahmte Speisekarten. Die junge Frau wirft einen Blick in die Karte mit den französischen Spezialitäten, sieht dann ihren Mann an und sagt:

»Weißt du, was ich gern hätte, Liebling?«

»Ja, Schätzchen«, antwortete er leise, nachdem er verstohlen zum Kellner hinaufgeschielt hat. »Aber wir werden zwischendurch etwas nehmen müssen.«

Wissen Sie, was ein Optimist ist? Ein Optimist ist ein Neunzigjähriger, der heiratet – und nach der Hochzeitsnacht loszieht, um einen Kinderwagen zu kaufen.

In der Küche des jungverheirateten Ehepaares.

»O nein!« ruft die frischgebackene Ehefrau wütend. »Das Kochbuch ist zugeklappt – und ich weiß nicht mal mehr, wie das Zeug heißt, das ich gerade koche.«

Bei einer Hochzeitsfeier erklärt der eitle überzeugte Junggeselle allen, die es hören und die es nicht hören wollen, daß die einzige verzeihliche Heirat die seine wäre.

Bi einer anderen Hochzeitsfeier klopft ein Gast dem nicht mehr taufrischen jungen Ehemann ermutigend auf die Schulter.

»Kopf hoch, alter Junge!« sagt er. »Nimm diesen ganzen Unsinn vom ›vollkommenen Ehemann‹ nicht ernst. Es gibt ihn nämlich nicht.«

»Ach wirklich? Dann hast du wohl noch nie was vom ersten Mann meiner Frau gehört.«

Und dann gibt es noch die Geschichte von dem jungen Ehepaar, das sich so wenig zu sagen hatte, daß es nicht einmal einen Grund zum Streiten fand.

Ihr erster Streit

Sie waren jung verheiratet und sehr glücklich. Umarmungen, Küsse und Liebe von morgens bis abends und von abends bis morgens. Dann hatten sie ihren ersten Streit, der zu überraschenden und dramatischen Ereignissen führte . . .

Die Hochzeitsfeier war schön gewesen, das anschließende Festessen köstlich, viele Reden waren geschwungen worden, und nichts war geschehen, das die geradezu vollkommene Hochzeitsnacht überschatten konnte. Ihre Flitterwochen waren genauso herrlich. Liselotte und Harry waren sehr glücklich gewesen, daß sie die Flitterwochen in ihrem neuen Haus verbringen konnten. Es war komplett eingerichtet, bis hin zu dem Silberservice, das zu ihren unzähligen Hochzeitsgeschenken gehört hatte. Was hätten sie sich also noch mehr wünschen können? Junges Glück vom Speicher bis zum Keller – Umarmungen, Küsse und Liebe von . . . bis . . .

Ein ideales Glück.

Bis zu ihrem ersten Streit. Er entbrannte wegen einer Kleinigkeit. Ein Tabakkrümel war aus Harrys Pfeife – die er noch gar nicht angezündet hatte – auf den Teppich gefallen, einem von Wand zu Wand reichenden hochflorigen finnischen Rya, den sie von Onkel Morton, einem großen Tier in der Teppichbranche, bekommen hatten. Liselotte sagte etwas. Harry verteidigte sich. Liselotte sagte noch etwas. Dann sagte Harry noch etwas. Ein Wort ergab das andere, und dann gab Liselotte ihrem Harry eine kräftige Ohrfeige.

Klatsch!

Natürlich schlug Harry ebenfalls zu und rannte wütend aus dem Haus.

Bum! Krach!

Er wollte ihr schon zeigen, wer der Herr im Hause war! Er wollte ihr zeigen, wo es lang ging und wo ihr Platz war. Er pfiff auf die Emanzipation.

Er verbrachte den Abend in drei verschiedenen Kinos, bis er die Karate- und die Faustkämpfe, die er zu sehen bekam, gehörig über hatte. Was sollte er jetzt noch tun? Nun, er konnte natürlich nach Hause gehen. Nach Hause? Klar. Er konnte seine Sachen packen und das hysterische Miststück verlassen. Nachdem er diesen Entschluß gefaßt hatte, machte er sich auf den Weg zu seinem Haus in die Vorstadt.

Lange nach Mitternacht schob er vorsichtig den Schlüssel ins Schloß und betrat leise die Diele. Dann blieb er einen Moment stehen und horchte angespannt. An der feindlichen Front rührte sich nichts. Also holte er sich einen Koffer und packte schnell ein paar Sachen hinein. Bevor er ging, schrieb er noch eine kurze Nachricht.

»Liebe Liselotte«, begann er. Unsinn. Er knüllte das Papier zusammen, warf es weg und fing noch einmal an.

Liselotte! Ich verlasse Dich. Möglicherweise trenne ich mich auch für immer von Dir. Ich lasse mich nicht schlagen. Noch weiß ich nicht, wohin ich jetzt gehe, aber wenn Du Dich mit mir in Verbindung setzen willst, kannst Du meine Adresse von meinen Eltern erfahre. Harry.

So war es richtig. Kurz und bündig. Einen Moment wurde er weich, und Rührung überkam ihn, wenn er an seine Frau dachte, seine Liselotte, die jetzt wahrscheinlich oben in ihrem großen Doppelbett lag – ganz allein, den Kopf in den Kissen vergraben, und hysterisch weinte. Aber das sollte ihr eine Lehre sein. Dann entdeckte er den Zettel, der an der Kristallvase auf dem spanischen Marmortisch lehnte. Er nahm ihn und las . . .

Harry! Du Biest! Weißt Du, was ich im Augenblick empfinde? Du hast mich geschlagen. Ich bin jetzt eine mißhandelte Ehefrau. Nur damit Du Bescheid weißt. Ich bin zu

»Und dann servieren Sie uns morgen das Frühstück auf unserem Zimmer – um vier Uhr nachmittag.«

meiner Mutter zurückgegangen. Vielleicht reiche ich die S-c-h-e-i-d-u-n-g ein. Liselotte.

Harry ließ sich schwer in einen Sessel fallen. Sie war fort. Heiß schoß ihm das Blut zu Kopf. An diese Möglichkeit hätte er nicht einmal im Traum gedacht. Schließlich hatte er ihr nur einen kleinen Klaps gegeben. Hatte kaum ihre Wange berührt. Und wer hatte denn zuerst zugeschlagen? Hatte nicht sie ihn provoziert?

Im nächsten Moment sprang Harry wie von der Tarantel gestochen auf. Ein zwielichtig aussehender Mann ohne Schuhe kam die Treppe vom ersten Stock herunter. Als er Harry sah, erschrak er sichtlich.

»Wer – wer sind Sie?« stotterte Harry.

Der unheimlich gutaussehende Mann warf einen Blick auf Harrys halbvollen Koffer.

»Vielleicht sollte ich dir diese Frage stellen. Doch wenn ich mich nicht irre, sind wir aus demselben Grund hier. Bist auch hinter dem Silberservice her, hab' ich recht, Kumpel? He, wie bist du übrigens reingekommen? Durchs Kellerfenster? Die Hintertür?«

»Nein, durch die Haustür.«

Harry antwortete automatisch. Die Situation konnte er nie meistern. Der Kerl war groß und sah kräftig aus. Wie sollte er einen so gefährlichen Typen unschädlich machen? Schließlich konnte er nicht mit den Fäusten auf ihn losgehen. Der Kerl würde ihn abschütteln wie ein Wolfshund einen winzigen Yorkshire Terrier.

»Es gibt hier nicht viel zu holen, Kumpel«, fuhr der Ganove fort. »Nicht einmal ein Sparschwein mit dem wöchentlichen Taschengeld des Kindes. Nicht mal einen zusammengeknüllten Fünfziger in einer Keksbüchse.«

Harry warf einen Blick zu der schweren Kristallvase auf dem Marmortisch hinüber. Sie hatten sie von Tante Olga, die auf Bornholm wohnte, zur Hochzeit geschenkt bekommen. Wie, wenn er die Vase packte und dem Typen mit aller Kraft auf den Schädel donnerte! Würde ihn das betäuben?

Harry griff nach der Vase, um sie in der Hand zu wiegen und zu sehen, wie schwer sie tatsächlich war.

»Glaswaren mitgehen lassen, lohnt sich nicht, Kumpel«, sagte der Kerl höhnisch.

Harry zog die Hand zurück. Und dann hatte er eine Idee.

»Kannst du einen Safe aufmachen?« fragte er.

»Ich?« Der Kerl grinste und ließ eine Reihe geschwärzter Zahnstummel sehen. »Klar kann ich das. War schon dreimal im Knast deshalb. Warum fragst du?«

»Weil ich im Keller einen eingebauten Safe gefunden habe, aber ich hab' ihn nicht aufgekriegt.«

»Ich kümmere mich darum, Kumpel. Leichte Sache für mich – nicht schwieriger, als mir selber den Hintern zu kratzen.«

Sie gingen in den Keller hinunter. Im Hobbyraum nahm Harry ein Werkzeugbrett ab, das an der Wand hing. Dahinter war ein feuersicherer Safe mit einem Kombinationsschloß gebaut – ein Hochzeitsgeschenk von Onkel Thomas, einem großen Tier in der Versicherungsbranche.

Der Dieb pfiff anerkennend durch die Zähne. Dann begann er, fachmännisch am Kombinationsschloß zu drehen.

»Laß mir fünf Minuten Zeit, dann hab' ich das Ding geknackt«, sagte er eifrig. »Du gehst zur Haustür und stehst Schmiere. Wenn dir draußen was verdächtig vorkommt, sagst du mir sofort Bescheid, und wir verschwinden schnell durch die Hintertür.«

Harry vergeudete keine Zeit. Genau fünf Minuten später tauchte er wieder im Keller auf. Der Dieb drehte sich zu ihm um.

»Is' was?« fragte er nervös.

Harry nickte und trat beiseite, um die beiden Polizisten hereinzulassen, die hinter ihm in Deckung gegangen waren. Einer klirrte mit einem Paar Handschellen.

»Streck schön brav die Hände aus«, sagte er. Der Dieb gehorchte, die Handschellen schnappten zu, und die Polizisten brachten ihre »Beute« zu dem wartenden Streifenwagen und fuhren ab.

»Wau!« Harry seufzte erleichtert und ging in die Küche, um sich ein kaltes Bier aus dem Kühlschrank zu holen.

Was für ein Leben! Das war wahrhaftig der aufregendste und anstrengendste Tag gewesen, den er je erlebt hatte. Er hob die Flasche an den Mund und hielt mitten in der Bewegung inne. Was war das?

Er hatte aus dem Schlafzimmer ein Geräusch gehört. War dieses Haus total verhext? Harry packte die Kristallvase, das Hochtzeitsgeschenk von Tante Olga aus Bornholm, und stieg auf Zehenspitzen die Treppe hinauf. Die Vase hielt er hoch über dem Kopf, um sofort zuschlagen zu können. Mit dem Fuß stieß er die Schlafzimmertür auf.

»Ist da jemand?« rief er mutig.

Es war jemand da.

Auf dem Doppelbett, einem Hochzeitsgeschenk seiner Geschwister, lag Liselotte – gefesselt und geknebelt.

Harry war außer sich vor Glück, als er sie sah. Rasch löste er ihre Fesseln und nahm ihr den Knebel aus dem Mund. Liselotte warf sich ihm in die Arme.

»O mein Liebling«, flüsterte sie unter Tränen.

»Mein süßes, süßes armes Mädchen«, sagte er tröstend.

Nachdem sie sich zur Versöhnung ausgiebig geküßt hatten, fragte Liselotte nervös: »Der Dieb – wo ist dieser schreckliche Mensch?«

»Auf Nummer Sicher. Er wird gerade in Handschellen ins Polizeirevier gebracht . . .«

Harry stand von der Bettkante auf. Sollte er ihr in allen Einzelheiten berichten, wie es gewesen war – oder . . . Er hatte jetzt die Chance, sich ein- für allemal den Respekt zu verschaffen, der ihm gebührte. Schließlich hatte er sich wie ein richtiger Mann benommen – hatte klug und listenreich eine Falle gestellt, in der sich der Verbrecher prompt gefangen hatte. Aber respektierte es eine Frau auch entsprechend, daß ihr Mann klug und listenreich gehandelt hatte?

Nein. Was Frauen an einem Mann am meisten respektieren, ist Mut.

So war es schon zu Urzeiten, und so ist es auch noch heute dachte Harry.

»Wie hast du ihn gefangen?«

Sie forderte es heraus. Gelassen nahm Harry seine Pfeife aus der Brusttasche und zündete sie an.

»Ach, weißt du, Schätzchen«, sagte er genußvoll paffend, »es war gar nichts dabei. Als ich zur Tür reinkam, schleppte der Kerl gerade einen Sack mit unserem Silberzeug die Treppe herunter. Die Situation war mir natürlich sofort klar. Ich mußte schnell handeln. Bevor er seine Waffe ziehen konnte, warf ich mich auf ihn, knallte ihm eine rechte Gerade aufs Kinn und ließ einen Uppercut folgen, und dann lag er auch schon flach. Es war genauso einfach, wie wenn ich mir den – Hals gekratzt hätte.«

Liselottes Augen leuchteten vor Bewunderung. Wie hatte sie nur daran denken können, diesen Supermann zu verlassen! Sie wußte nicht, was in sie gefahren war.

Harrys Pfeife ging aus. Er stopfte Tabak nach und sah, ganz ohne es zu wollen, sehr selbstzufrieden aus.

»Paß auf, du verstreust schon wieder Tabak«, sagte Liselotte.

Sie brach zwar sofort ab, aber es war zu spät. Mit Windeseile nahm Harry den Knebel, steckte ihn ihr in den Mund und fesselte sie an Händen und Füßen.

»Sonst noch was?« fragte er. Dann zündete er die Pfeife an und machte es sich am Fußende des Bettes bequem. »Du bleibst so liegen, bis ich zu Ende geraucht habe, Herzchen«, sagte er und fügte hinzu: »Ich will dir nicht in allen Einzelheiten erzählen, was von heute an mit dir passieren wird, aber ich habe die Absicht, den Knebel und die Fesseln im Keller aufzuheben – nur für den Fall, daß es wieder mal nötig sein sollte, eine gewisse Dame im Haus einzusperren.«

Vergeßt das nie, liebe Jungvermählte

Vergeßt das nie, liebe Jungvermählte – ein altes Sprichwort sagt, »wer schläft, sündigt nicht« – doch er schläft, um Kraft für neue Sünden zu sammeln.

Der frischgebackene Ehemann soll sich ruhig mit der Tatsache abfinden, daß es unmöglich ist, seine Vergangenheit vor seiner Frau zu verheimlichen. Ebensogut könnte man versuchen, einen Sonnenaufgang an einem Gockel vorbeizuschmuggeln.

Das Beste, das ein Mann seiner Frau am Morgen im Bett anbieten kann, ist frisch aufgebrühter, aromatischer Kaffee, ein Butterbrötchen und eine Zigarette – außer es handelt sich um eine ganz jung verheiratete Frau, ihr wäre das Nächstbeste lieber.

Ein Mann heiratet oft nur, weil es ihm an Erfahrung mangelt. Scheiden läßt er sich häufig, weil er zuwenig Geduld hat. Und wenn er sich wieder verheiratet – hat er einfach ein schlechtes Gedächtnis.

Die Ehe ähnelt einem mit winzigen Krabben belegten Brot, das man in einem feinen Restaurant serviert bekommt. Es sieht verlockend und appetitlich aus, aber es ist ein verhältnismäßig teures Vergnügen.

Und solange man nicht hineingebissen hat, weiß man nie, ob das Brot mit Butter oder Margarine bestrichen ist. Beschwerden werden hier wie dort gewöhnlich nicht ernst genommen.

»Du langweilst dich doch nicht, Ludwig?«

Sie sind ein noch verhältnismäßig jungverheiratetes Ehepaar, und Schwiegermutter lebt bei ihnen. Eines Tages hat der Schwiegersohn eine gute Idee. Er schlägt vor, daß Schwiegermutter einen herrlichen langen Urlaub nehmen soll. Bald ist sie von seinem Vorschlag begeistert, und nach einer Weile geht es nur noch um das Reiseziel. Nach Südeuropa will sie nicht, dort sind ihr zu viele Menschen. Andere Leute mögen überfüllte Ferienorte genauso stören, doch sie würden den Nachteil wegen der günstigen Preise und der ausgezeichneten Alkoholika gern in Kauf nehmen. Nicht so Schwiegermutter. Sie trinkt nie.

»Wie wär's dann mit Finnland?« versucht der Schwiegersohn sie zu ködern. »Das Land der tausend Inseln – wie wär's, wenn du auf jeder in Ruhe und Frieden eine Woche verbringen würdest?«

Wenn eine alte prüde Tante zu einer wunderschönen Hochzeit kommt und erklärt, die Braut sei bezaubernd, bildhübsch, jung und wunderbar unschuldig, dann kann man sicher sein, daß dieser Lobeshymne ein *ABER* folgt . . .

Eine Ehe wird halten, wenn das Paar etwas hat, worüber es gemeinsam lachen kann. Sollte es nichts anderes finden, kann es ja immer auf die Hochzeitsbilder zurückgreifen.

Zwei alte Armeekameraden, die sich jahrelang nicht gesehen haben, treffen sich ganz unerwartet auf der Straße. Einer sagt zum anderen:

»Ich hab' gehört, du hast geheiratet, alter Junge.«

»Ja.«

»Ach, wenn ich nur an deiner Stelle wäre!«

»Ja, das wünsche ich mir auch!«

»Was für ein Schwiegervater! Das war eine phantastische Hochzeit! Ich glaube, ich werde öfter heiraten.«

Absolut nicht verheiratet oder verlobt

Dr. Hansen war ein vorbildlicher Arzt für Allgemeinmedizin. Eines Tages kam eine junge Dame namens Nancy Berg als neue Patientin zu ihm. Ihr war etwas ins Auge geflogen. Da wir das jetzt wissen, ist unsere nächste Frage ganz natürlich: Warum bat er sie, sich auszuziehen?

In allen Angelegenheiten, die das Leben betrafen, war der junge Dr. Hansen gewissenhaft, vorsichtig, anspruchsvoll und aufmerksam – das glänzende Beispiel eines Arztes. Seine Kollegen behaupteten, daß er sein weiches Frühstücksei immer erst köpfte, nachdem er es mit dem Stethoskop abgehorcht hatte – nur um ganz sicher zu sein, daß kein Hühnchen drin wäre. Er hatte noch nie etwas getan, das nicht wohlüberlegt gewesen wäre. Er überstürzte nie eine Entscheidung und machte nie einen Schritt, der nicht unbedingt nötig und vorher nicht gründlich durchdacht war. Ein solcher Mann war bei seinen Patienten natürlich sehr beliebt und hatte auch sehr viele.

Eines Tages kam eine neue Patientin zu ihm – eine junge Dame namens Nancy Berg. Da sie in dieser Geschichte die weibliche Hauptfigur ist, wollen wir sie schnell vorstellen.

Sie war ein ungewöhnlich hübsches, ungewöhnlich gutgewachsenes, sehr natürliches junges Mädchen von zweiundzwanzig heiteren Lenzen. Stellen Sie sie sich einmal vor – sie hatte braune Augen, dunkles Haar mit jenem rötlichen Schimmer, in den sich die meisten Männer verlieben. Ihre Brüste waren voll und fest, und sie brauchte nie einen BH oder andere Hilfsmittel, um diese Wirkung zu erzielen. Hinzu kam ein bezauberndes, aufrichtiges Lächeln – und vor Ihnen steht Nancy Berg, Bankangestellte und neue Patientin von Dr. Martin Hansen.

Sie saß in seinem Wartezimmer, weil ihr etwas ins Auge geflogen war.

»Der Nächste bitte.«

Nancy Berg war an der Reihe.

Dr. Hansen führte sie in sein Sprechzimmer und bot ihr Platz an.

»Und was kann ich für Sie tun?«

»Tja, also, ich bin im Park radgefahren, und es war sehr windig«, begann Nancy. »Da ist mir auf einmal etwas ins Auge geflogen. Ich weiß nicht, ob es ein Insekt oder ein Staubkorn ist, aber es tut schrecklich weh, wenn ich zwinkern muß.«

Dr. Hansen lehnte sich auf seinem Stuhl zurück und musterte seine Patientin forschend.

»Hatten Sie die üblichen Kinderkrankheiten? Masern, Mumps Windpocken, Scharlach?« fragte er mechanisch.

»Ich glaub' ja«, antwortete Nancy.

»Sind Sie gegen Pocken geimpft?«

Nancy nickte.

»Gibt es Geisteskrankheiten in Ihrer Familie?«

»Wie bitte?«

»Hat in Ihrer Familie einmal jemand an einer Geisteskrankheit gelitten – an *morbus mentalis* oder einer ähnlichen Krankheit mit Wahnvorstellungen?«

»Nicht, daß ich wüßte. Der Bruder meines Vaters, der in Australien lebt, gilt als leicht exzentrisch, aber alle sind der Meinung, das komme nur von dem vielen Geld, das er dort verdient hat.«

Dr. Hansen machte sich Notizen. Dann stand er auf und knöpfte seinen Kittel zu.

»Zeigen Sie mir Ihre Zunge . . .«

»Aber ich bin wegen meines Auges hier – weil mir etwas ins Auge geflogen ist . . .«

»Darf ich Ihre Zunge sehen?« sagte Dr. Hansen energischer als vorher, und Nancy streckte die Zunge heraus.

»Hmm!« Der Doktor schaute ihr in den Hals. Dann tastete er ihre Halsdrüsen ab und fühlte ihr den Puls.

»Ich möchte auch gern ein Blutbild von Ihnen.«

Nancy war überrascht, doch noch ehe sie etwas sagen konnte, hatte er sie ins Ohrläppchen gestochen, drückte ein paar Blutstropfen auf ein Glasplättchen und untersuchte sie unter dem Mikroskop.

»Hmmm!« sagte er und drehte sich zu Nancy um. »Würden Sie sich bitte freimachen, damit ich Herz und Lunge untersuchen kann?«

»Wie ich schon sagte, Doktor, ich hab' was im Auge, und es tut furchtbar weh, wenn ich zwinkern muß . . .«

Dr. Hansen schrieb das Ergebnis seiner mikroskopischen Untersuchung auf Nancys Krankenblatt.

»Haben Sie Kinder?« unterbrach er sie.

»Nein – absolut nicht! Ich bin weder verheiratet noch verlobt.«

»Sie haben also keine Kinder? Und Sie erwarten im Augenblick auch keins?«

»Also wirklich, Doktor. Ich bin zufällig ein anständiges Mädchen!«

»Tief einatmen – Atem anhalten. Und jetzt langsam ausatmen.« Dr. Hansen horchte Nancy mit dem Stethoskop ab. »Und jetzt husten Sie bitte.«

Nancy hustete. Das Auge tat ihr schrecklich weh. Wenn er es nur bald ansehen wollte! Sie hatte gehört, daß Dr. Hansen sehr gründlich war, aber . . .

»Husten Sie noch einmal.«

Nancy hustete.

»Schlafen Sie nachts gut? Haben Sie Einschlafprobleme?«

»Ich schlafe wie ein Klotz.«

Dr. Hansen prüfte ihre Reflexe. Nachdem er ihren Magen abgeklopft und festgestellt hatte, daß sie schon am Blinddarm operiert war, maß er ihren Blutdruck.

»In Ordnung, Fräulein Berg, Sie können sich wieder anziehen. Ach, dürfte ich noch einen kurzen Blick auf Ihre Zähne werfen?«

Nancy öffnete den Mund weit. Sie hatte keine einzige Füllung, und sogar ihre Weisheitszähne waren in Ordnung. Dr. Hansen schob den Blutdruckmesser in die Mitte des Tisches und rollte die Manschette sorgfältig zusammen. Dann sagte er etwas, das bei der bezaubernden Nancy Berg fast einen Herzstillstand verursachte.

»Nun, Fräulein Berg«, sagte er, »ich habe Sie schon sehr, sehr oft drüben in der Bank gesehen, wenn ich dort zu tun hatte. Und Sie haben auf mich immer einen gesunden und glücklichen Eindruck gemacht. Jetzt habe ich Sie gründlich untersucht – um Ihr Auge kümmere ich mich übrigens gleich – und glaube sagen zu können, daß Sie eine sehr gesunde junge Frau sind. Der Mann, der Sie zur Frau bekommt, ist bestimmt ein Glückspilz. Und deshalb, liebes Fräulein Berg, will ich nicht lange um den heißen Brei herumreden und frage Sie: Wollen Sie mich heiraten?«

Das Lebensziel einer Frau

Das Lebensziel einer Frau ist es, so früh wie möglich zu heiraten. Ein Mann hingegen strebt danach, so lange wie möglich Junggeselle zu bleiben.

Natürlich ist es kein Unglück, eine geplante Hochzeit zu verschieben. Nicht, solange man sie immer wieder verschieben kann.

Im Heim des jungen Ehepaares. Sie erledigt die Hausarbeit und kocht. Man könnte zwar nicht behaupten, daß sie kulinarische Kochkünste vollbringt, doch er ißt klaglos alles, was sie ihm vorsetzt. Nach einiger Zeit meint er aber trotzdem:

»Ich würde so gern deine Kochkünste loben, Schätzchen. Wann, glaubst du, wirst du soweit sein, daß ich es kann, ohne lügen zu müssen?«

Wenn die Behauptung stimmt, daß Liebe wie ein Traum ist, dann muß auch die Behauptung zutreffen, daß die Hochzeit die Funktion eines Weckers hat.

Eine kirchliche Trauung. Auf der Orgelempore spielt der Organist den Hochzeitsmarsch, während das junge Paar nach der Zeremonie langsam, aber sicheren Schrittes dem Kirchenportal zustrebt. Als der letzte Hochzeitsgast das Gotteshaus verlassen hat, schließt der Meßdiener das Portal. Gemächlich verklingen die Orgelakkorde. Der Bälgetreter wischt sich den Schweiß von der Stirn, sieht den Organisten gereizt an und sagt:

»Und so was nennt man Demokratie. Ich kriege lausige

»Und weck mich morgen früh um fünf; ich gehe mit ein paar Freunden fischen . . .«

siebenundachtzig Kronen dafür, daß ich wie ein Sklave schufte, um dieser verdammten Orgel Luft einzublasen, während Sie auf Ihrem dicken Hintern sitzen und vierhundert Kronen dafür kriegen, daß Sie die Luft wieder rauslassen.«

Als Faustregel für die Wahl deiner künftigen Ehefrau solltest du folgendes beachten: Wähle sie, wie du deinen besten Freund wählen würdest, so als wäre sie ein Er.

Bei einer Mormonenhochzeit, bei der ein Mann gleichzeitig mehr als ein Mädchen heiraten kann. Der Mormonenpriester fragt den Bräutigam:

»Farmer Refe, willst du diese schönen Mädchen zu deinen gesetzlich angetrauten Ehefrauen nehmen?«

»Ja, das will ich«, antwortet Farmer Refe.

Dann faßt der Priester die in der kleinen Mormonenkirche Versammelten ins Auge, hebt ein wenig die Stimme und fragt:

»Wollt ihr, Mädchen, diesen Mann zu eurem gesetzlich angetrauten Ehemann nehmen?«

»Ja, das wollen wir.«

Und noch einmal hebt der Priester die Stimme.

»Ihr Mädchen da hinten!« schreit er fast. »Ihr müßt schon lauter sprechen, wenn ihr auch dazugehören wollt!«

Nachdem sich die letzten Hochzeitsgäste verabschiedet haben, flüstert die Brautmutter, kurz bevor sich das junge Paar in Erwartung der hochzeitsnächtlichen ehelichen Freuden zurückzieht, ihrer Tochter zu:

»Hör zu, Liebling, wenn ihr beide jetzt allein seid, vergiß ganz einfach den ganzen Unsinn vom Storch, den ich dir erzählt habe, als du noch klein warst.«

Es war eine große, formelle Hochzeit – Hochzeitskutsche mit Orangenblüten geschmückt, Ehrendame, Brautjungfern,

Blumenmädchen, Trauzeugen, Ringträger – einfach mit allem Drum und Dran. Beim Hochzeitsdiner waren einhundertsiebzehn Gäste anwesend, und fast ebenso viele Reden wurden zu Ehren des jungen Paares gehalten. Doch später, als die Jungvermählten in der Hochzeitssuite des Hotels endlich allein waren, sank die Braut erschöpft auf das Doppelbett und sagte aufstöhnend:

»Du lieber Himmel! Was für ein Zirkus! So was könnte ich nicht noch einmal durchmachen. Das nächstemal möchte ich eine ganz schlichte Hochzeit, nur im Kreis der engsten Familie.«

Nehmen Sie zum Beispiel die Moslems. Ihnen ist erlaubt, vier Frauen gleichzeitig zu haben. Wir haben das Glück, durch das Gesetz, das die Bigamie verbietet, vor gleichem Unheil geschützt zu sein.

Der Mann, der das reiche häßliche Entlein heiratete

Das ist eine Geschichte über den klassischen Fall eines Mannes, der nicht das schöne arme, sondern das häßliche reiche Mädchen heiratet. Eine solche Konstellation ergibt immer eine gute Story . . .

Eigentlich wollen wir Ihnen eine Geschichte erzählen, die nur die beiden Hauptcharaktere betrifft, Generalkonsul Silverörn-Kronenskjold und seine Frau. Das klingt nicht besonders aufregend, aber wenn wir die Dinge so betrachten, könnte man höchstens noch über das Wetter schreiben, die stets unfähige Regierung, die absurd hohen Steuern – und wer möchte das schon lesen? Außerdem enthält diese Geschichte eine gedachte Herausforderung, die sie erzählenswert macht. Und wenn sie schon erzählt werden soll, gehört sie in eine Sammlung wie diese.

Als Konsul Silverörn-Kronenskjold zum Generalkonsul avancierte, war er Witwer – jedoch kein gebeugter, gebrechlicher, alter, abgetakelter Witwer, der am Kamin in seinem Schaukelstuhl sitzt, einen warmen Whiskey schlürft und denkt, das Leben sei für ihn vorbei. O nein! Generalkonsul Silverörn-Kronenskjold war ein Mann in den besten Jahren, und es war daher keine Überraschung, daß er daran dachte, noch einmal zu heiraten.

Seine erste Frau war eine sehr freundliche, bezaubernde und liebenswürdige Dame gewesen – ganz anders als das seltsam aussehende Wesen, das er sich diesmal ausgesucht hatte. Sie hieß Fanny, und man wußte nicht besonders viel über sie, nur daß sie früher beim Ballett gewesen und erst kürzlich in die Stadt gezogen war. Außerdem war sie häßlich. Sie war so häßlich, daß der Generalkonsul sie als Vogelscheuche in den nächsten Kirschbaum hätte hängen können und alle Stare in Panik in den Nachbarbezirk geflohen wären.

Aber egal, wie häßlich Fanny war, sie mußte es unbedingt sein. Sie war schon ein paarmal verheiratet gewesen und hatte nach jeder Scheidung eine ansehnliche Abfindung kassiert, so daß sie inzwischen ein paar Millionen gehortet hatte, die sie vor dem schlimmsten Hunger bewahrten. Und der Generalkonsul hatte immer als Mann mit teurem Geschmack gegolten. Es ist daher nicht schwer, zu erraten, warum er Fanny heiraten wollte.

Es kam der Tag, an dem die Hochzeitsglocken läuteten und der Generalkonsul seine »junge« Frau nach der Trauungszeremonie mit dem Segen des Pfarrers aus der Kirche geleitete. So weit – so gut. Überflüssig zu erwähnen, daß es anschließend noch eine üppige Dinnerparty gab, bei der es an nichts fehlte.

Die Flitterwochen des Paares waren kurz, und bald nahm es sein normales Leben wieder auf. Betont muß an dieser Stelle nur noch werden, daß der Generalkonsul seine erste Frau nie mitgenommen hatte, wenn er gesellschaftlichen »Pflichten« nachkommen mußte – zu großen Jagdgesellschaften auf das Gut des Grafen geladen war, offiziellen Empfängen beiwohnte und an anderen Festlichkeiten teilnahm, bei denen sein Erscheinen unerläßlich war. Nein. Sie war immer zu Hause geblieben und hatte kunstvolle Stickereien angefertigt. Daher kam es den Leuten in der Stadt höchst seltsam vor, daß er seine zweite Frau, die häßliche Fanny, immer mitnahm, wenn er ausgehen mußte.

»Ich möchte nicht, daß du allein zu Hause herumsitzt, meine Liebe«, sagte er regelmäßig.

Fanny takelte sich nach Kräften auf, doch es half nichts. Im Gegenteil, die schönen Seidenkleider und blitzenden

Diamanten schienen ihre Häßlichkeit noch zu unterstreichen.

Sogar wenn der Generalkonsul in die nahe Metropole fuhr, um sich dort ins Nachtleben zu stürzen, nahm er Fanny mit.

»Unbegreiflich«, sagten die Leute.

»Warum läßt er die Schreckschraube nicht zu Hause?« fragte sich der Graf auf seinem Gut.

»Es ist schwer zu verstehen«, sagte der Oberbürgermeister. »Vielleicht hat es etwas mit inoffiziell verlängerten Flitterwochen zu tun. Schließlich sind sie verhältnismäßig jung verheiratet, und Liebe ist ein Mysterium und wird es immer bleiben.«

So sprachen alle.

Als Freunde den Generalkonsul zu einem gemütlichen Herrenabend einluden, weigerte er sich, ohne Fanny zu kommen, obwohl seine Freunde ihm zu bedenken gaben, daß es nicht üblich war, zu einem Herrenabend Damen mitzubringen.

»Entweder kommt Fanny mit, oder ich bleibe zu Hause«, sagte er fest. »Es liegt ganz bei euch.«

»Na schön, dann bring sie eben mit, deine Fanny!«

Er weigerte sich sogar, an einer Treibjagd auf dem Gut des Grafen teilzunehmen, wenn er Fanny nicht mitnehmen dürfe, und brachte sie auch zu Konferenzen der Bank mit, in deren Aufsichtsrat er saß. Wenn er in seiner Eigenschaft als Generalkonsul ins Ausland reisen mußte, reiste Fanny mit ihm. Und sogar zu einem Jagdessen im Blockhaus brachte er sie mit.

Keine Frage, er tat keinen einzigen Schritt ohne Fanny. Die anderen Ehefrauen seiner Kreise waren gerührt und fanden ihn lieb und rücksichtsvoll. Indirekt hatte der Generalkonsul großen Einfluß auf das Verhalten vieler Ehemänner, die jetzt auch anfingen, ihre Frauen mitzunehmen, wenn sie ausgingen – sogar zum Jagdessen ins Blockhaus.

Also hatte das ungewöhnliche Benehmen von Generalkonsul Silverörn-Kronenskjold letztlich sein Gutes, obwohl die Leute ihn völlig anders beurteilt hätten, hätten sie den wahren Grund für seine unglaubliche Anhänglichkeit an seine häßliche Frau gekannt.

Er nahm sie immer mit, damit er ihr keinen Abschiedskuß geben mußte.

Der Unterschied zwischen einem Junggesellen und einem Ehemann

Der Unterschied zwischen einem Junggesellen und einem Ehemann ist unter anderem der, daß der Junggeselle jeden Morgen aus einer anderen Richtung zur Arbeit kommt.

Die Braut stellt ihrer künftigen Schwiegermutter eine Frage:

»Glaubst du, daß Henry mich nach der Hochzeit noch genauso lieben wird?«

»Ja, und warum auch nicht?« antwortet die künftige Schwiegermutter tröstend. »Schließlich hat er verheiratete Frauen schon immer gemocht.«

Bei einer Party philosophiert ein unverbesserlicher Junggeselle vor seinen Freunden:

»Also, wenn ich je das Verlangen haben sollte, zu heiraten, müßte das Mädchen schwerreich, aber auch bildschön sein. Unter diesen Umständen könnte ich sie leicht wieder loswerden.«

Nach einem Hochzeitsessen legt der Bräutigam der Braut zärtlich den Arm um die schlanke Taille, sieht sie liebevoll an und sagt zu den Gästen, die in der Nähe stehen:

»Es ist wirklich merkwürdig . . . Sich vorzustellen, daß Susanne noch vor einem Monat nichts anderes als eine Telefonnummer war, die jemand in der Herrentoilette der Kakadu-Bar in die Wand gekratzt hatte.«

Eine Frau reicht die Scheidung ein, weil ihr Mann in all den Jahren, die sie verheiratet waren, nur siebenmal mit ihr

»Nur einen Augenblick –
würden Sie sich bitte vorher eintragen?«

gesprochen hat. Der Richter hat größtes Verständnis für sie und überträgt ihr auch das Sorgerecht für ihre sieben Kinder.

Ehe . . . Das ist, als ginge man mit guten Freunden zum Abendessen in ein Restaurant. Man sieht sich die Speisekarte an und entscheidet sich für eine bestimmte Speise. Doch wenn man sie serviert bekommt und sieht, was die anderen bestellt haben, bedauert man, daß man nicht das gleiche genommen hat wie sie.

Die meisten jungen Leute denken, ein Paar lerne sich während seiner Verlobungszeit kennen. Das ist Unsinn. Richtig kennen lernt man sich erst, wenn man sich scheiden läßt.

Sie sitzen in der geschmückten Limousine und sind unterwegs zum Fotografen.

Die junge Frau schmiegt sich an ihren ebenso jungen Mann und fragt:

»Wirst du mich auch noch lieben, wenn ich eine alte Dame geworden bin, Erik?«

»Ob ich dich noch lieben werde, mein Liebling? Glaub mir, ich werde den Boden küssen, über den du schreitest, werde dich durch Feuer und Wasser tragen, durch dick und dünn. Ich werde dich anbeten, dich ehren, zu dir aufblicken, deine weißen Haare küssen, deine zerfurchte Stirn, deine . . .He, Schatz, du wirst doch nicht etwa aussehen wie deine Mutter und deine Großmutter, oder?«

Sie können die Ehegesetze ändern und die Trauungszeremonie vereinfachen, soviel und so oft sie wollen. Es wird nichts ändern. Das Problem der Ehe als Institution wird immer das gleiche bleiben – während im tiefsten Innern jeder Frau die Mutter schlummert, schlummert im tiefen Innern eines jeden Mannes der Junggeselle.
Nichts, ist unerträglicher für ein Mädchen, als einen Mann zu

lieben, der mit ihr fertig ist. Mit einer Ausnahme natürlich – wenn sie einen Mann nicht loswerden kann, den sie nicht mehr liebt.

Liebe per Post

Anne-Grethe verbrachte ihren Urlaub auf dem Bauernhof von Onkel und Tante, weit draußen auf dem Land. Sie langweilte sich schrecklich – bis sie den großen, schlanken und gutaussehenden Briefträger entdeckte.
Anne-Grethe hätte sich nie träumen lassen, daß es so weit draußen auf dem Land einen so gutaussehenden Briefträger geben könnte. Er war hinreißend – haargenau der Typ, mit dem sie gern einen Abend in der Discothek verbracht oder Händchen haltend in einem abgelegenen Heuschober gesessen hätte.

Anne-Grethe verbrachte ihren Sommerurlaub bei Onkel und Tante. Sie hatten weit draußen auf dem Land einen großen Hof. Wenn wir ehrlich sein wollen, müssen wir zugeben, daß Anne-Grethe sich zu Tode langweilte. Sie hatte zwar weit und breit noch keinen einzigen unverheirateten Mann zu Gesicht bekommen. Jedenfalls keinen, mit dem sie gern geflirtet hätte.

Aber dann brachte der Postbote ein Nachnahmepaket für ihren Onkel – und Anne-Grethe flippte aus, wie es so schön heißt. Wau! Er war groß, gut gewachsen und sah sehr gut aus. Aber er wagte nicht, sie länger als den Bruchteil einer Sekunde anzuschauen, da sie nur einen zweiteiligen Mini-Sonnenanzug trug und er sehr schüchtern zu sein schien. Sie warf sich einen Bademantel über, und das half ein bißchen. Ihre Blicke trafen sich kurz, und Anne-Grethe bekam weiche Knie. Dann kam ihr Onkel heraus, um die Nachnahme zu bezahlen, und der Postbote hatte keinen Grund mehr, noch länger herumzustehen. Er machte kehrt und ging zu seinem kleinen Wagen, der vor dem Hof parkte. Anne Grethes

»Schon gut, Henrik, ich muß mir nur
andere Schuhe anziehen . . «

Plattenspieler dröhnte mit voller Lautstärke. Sie hatte eben eine Scheibe von Frankie Lovelace aufgelegt. Sie merkte, daß der Postbote etwas sagen wollte, dann aber vor lauter Schüchternheit schwieg.

»Das ist Frankie Lovelace«, sagte Anne-Grethe schnell. »Er ist mein Idol, ich bin ganz verrückt nach ihm.

»Er ist sehr gut«, sagte der Postbote.

»Kennen Sie seine Musik?«

»Zu Hause habe ich alle Platten von ihm.«

Anne-Grethe hätte um ein Haar gesagt, daß sie sie gern hören würde, aber sie traute sich nicht. Sie war ein nettes Mädchen und wollte nicht vorwitzig erscheinen.

»Tja«, sagte der Postbote, »ich muß wieder an die Arbeit.«

Und damit fuhr er ab. Nach ungefähr zwanzig Minuten fragte Anne-Grethe ihre Tante so beiläufig wie möglich, was für ein Typ der Postbote war. Wie hieß er? War er verheiratet oder verlobt? Und ihre Tante antwortete, Poul – so hieß er nämlich – sei ein sehr netter Kerl mit einem sehr guten Charakter und weder verheiratet noch verlobt.

»Und das wird er auch nie sein«, fügte sie hinzu. »Er ist zu schüchtern. Dabei ist er ein so netter junger Mensch; ich bin sicher, daß viele junge Mädchen gern mit ihm befreundet wären.«

Also das ist mal sicher! dachte Anne-Grethe, die wenigstens eines dieser Mädchen kannte. Sie träumte die ganze Nacht von ihm, und am nächsten Morgen mußte sie bis halb zwölf wenigstens hundertsiebzehnmal auf die Uhr geschaut haben, denn das war die Zeit, um die er gewöhnlich die Post brachte. Aber es gab keine Post für Onkel und Tante, und er kam nicht.

Am nächsten Tag brachte der gutaussehende Briefträger jedoch einen Einschreibebrief für Onkel Harold, und Anne-Grethe hatte Gelegenheit, ein bißchen mit Poul zu schwatzen. Sie fragte ihn, ob sie ihm ihre neuen Frankie-Lovelace-Platten leihen solle.

»Ich leihe sie Ihnen gern«, sagte sie. Und er darauf: »Vielen Dank, das ist sehr nett von Ihnen.«

Inzwischen hatte Onkel Harold die erforderliche Unterschrift geleistet, und Poul mußte weiter, um die restliche Post auszutragen. Und so ging es weiter, bis Anne- Grethes Urlaub fast zu Ende war. Jedesmal wenn der junge, gutaussehende Postbote auf den Hof kam, wechselten sie ein paar Worte – das heißt, meist redete Anne-Grethe, da Poul viel zu schüchtern war, um viel mehr als ja oder nein zu sagen. Er hatte nicht den Mut, sich mit Anne-Grethe zu verabreden und mit ihr zum Tanzen in die Stadt zu fahren, wo es eine Discothek gab. Dabei fühlte sie, daß er es gern getan hätte. Dieser Idiot!

Dann hatte sie eine Idee. Im städtischen Kino wurde ein Frankie-Lovelace-Film gezeigt, und Anne-Grethe kaufte zwei Karten. Sie tat sie in einen Briefumschlag, adressierte ihn an sich selbst und gab ihn auf.

Am nächsten Tag brachte der Postbote ihr einen Brief. Sie riß den Umschlag schnell auf und nahm die Kinokarten heraus.

»Oh«, sagte sie begeistert, »zwei Karten fürs ›Grand‹! Aber was soll ich mit zwei Karten? Ich kann schließlich nur auf einem Platz sitzen – und noch dazu sind es Logenplätze!«

Sie tat so, als wolle sie eine Karte zerreißen, hielt dann jedoch inne und fragte: »Haben Sie Lust, mitzukommen? Es wäre doch schade, eine Karte verfallen zu lassen.«

»Ich?« fragte der Postbote. »Nun ja, danke – hm – das wäre großartig. Was spielen sie im ›Grand‹?«

»Einen Frankie-Lovelace-Film mit dem Titel *Junge Herzen.*Das ist der, in dem er die Lieder singt, die auf seiner neuesten Platte sind.«

Der Postbote machte ein enttäuschtes Gesicht.

»Oh, den hab' ich schon gesehen«, sagte er kleinlaut.

Anne-Grethe hätte ihn eigentlich gern gefragt, ob er sich ihn nicht noch einmal ansehen wolle, ließ es aber bleiben, da er sich so blöd benahm. Schließlich hätte es ihm, wenn er mit ihr zusammensein wollte, egal sein können, ob er den Film schon gesehen hatte oder nicht.

»Und hier wären wir, Liebes. O trautes Heim – nirgends ist es so schön wie zu Hause.«

»Aber warten Sie«, sagte er und kramte in seiner Posttasche. »Fast hätte ich's vergessen. Ich habe noch einen Brief für Sie . . . Ja, hier ist er schon!«

Anne-Grethe griff neugierig danach. Wer, in aller Welt, sollte ihr einen Brief schicken? Hastig riß sie den Umschlag auf. Er enthielt eine Kinokarte – eine Logenkarte für den ›Filmpalast‹.

»Wer kann die nur geschickt haben?« fragte sie verwirrt.

Poul zögerte einen Augenblick und nahm dann seinen ganzen Mut zusammen.

»Das war ich«, sagte er schnell und schlug die Augen nieder. »Sie ist für »Lieb mich heut nacht, Liebling‹ im ›Filmpalast‹. Den Film hab' ich noch nicht gesehen . . . Ich habe noch eine Karte, für den Platz neben Ihnen . . . Das heißt, wenn Sie die Karte benutzen wollen, werden Sie neben mir sitzen.«

Es war geschafft, er hatte es gesagt!

Sie gingen den ganzen restlichen Sommer miteinander aus. Das war im vergangenen Jahr. Nächsten Sonntag heiraten sie. Woher Poul den Mut nahm, Anne-Grethe einen Antrag zu machen, bleibt ein ewiges Rätsel.

Wahrscheinlich hat er es mit einem eingeschriebenen Brief getan.

Der Herr des Hauses

Wenn ein Paar erst ungefähr ein Jahr verheiratet ist wie Irmgard und Henrik, ist es schwierig zu sagen, wer in ihrer Ehe die dominierende Rolle spielt. Nach siebzehn Monaten glücklicher Ehe war Irmgard überzeugt, daß sie es war, bis sie eines Tages rein zufällig ein Telefongespräch hörte, das Henrik mit einem Bekannten führte . . .

Die Ehe ist eine seltsame Allianz und wird es immer bleiben. Ist ein Paar erst einmal fünfundzwanzig Jahre verheiratet, dann hat gewöhnlich seit längerer Zeit ein Partner das Kommando. Es gibt keinen Zweifel über die Rollenverteilung. Entweder hat die Frau die Oberhand und aus ihrem Mann ist ein Schlaffi geworden, der sich zu Weihnachten ein Paar Gummihandschuhe zum Geschirrspülen wünscht, oder der Ehemann hat seiner Frau klargemacht, daß sie ihm gefälligst zu gehorchen habe, wenn er schreit und mit der Faust auf den Tisch schlägt.

Ist ein Paar aber erst ein oder zwei Jahre verheiratet, ist es schwer zu sagen, wer die dominierende Rolle übernehmen wird. Nach siebzehn Monaten glücklicher Ehe war Irmgard überzeugt, daß sie es war, die aus diesem Kampf mit der Siegespalme in der Hand hervorgegangen war. Die entscheidende Schlacht zwischen ihr und ihrem Mann Henrik war eines Abends bei einem bescheidenen Wochentagsessen ausgefochten worden, als Henrik eine Bemerkung fallen ließ, daß die Thunfischkasserolle irgendwie merkwürdig schmecke.

»Ich möchte ja nicht kritisieren, Liebes, aber – ist sie dir vielleicht angebrannt?«

»Selbstverständlich nicht!« Sie schmeckt so, wie eine Thunfischkasserolle schmecken soll.«

»Jedenfalls schmeckt sie nicht wie die Thunfischkasserolle, die ich zu Hause vorgesetzt bekam. Nicht so, wie meine Mutter sie gemacht hat. Koste doch selbst mal.«

Irmgard hatte sich nämlich Rühreier gemacht.

»Du weißt, daß ich Thunfisch nicht ausstehen kann. Ich habe die Kasserolle nur gemacht, weil du sie gern ißt und weil wir sparen müssen. Also iß jetzt, und hör auf, herumzumotzen!«

Wortlos aß Henrik seinen Teller leer, drückte jedoch seine Unzufriedenheit dadurch aus, daß er bei jeder Gabel stöhnte, die er aß. Er beklagte sich auch nicht, als Irmgard ihm noch eine zweite Portion auftat, damit keine Reste blieben.

Erst später, als sie in die Küche ging, um das Geschirr zu spülen, stellte sie zu ihrem Entsetzen fest, daß sie, um die Kasserolle einzudicken, irrtümlich pulverisierten Tapetenkleister genommen hatte, der auf der Küchentheke stand. Ihr war aber auch klar, daß sie über Henrik die Oberhand gewonnen hatte, da er sich, um den Hausfrieden zu wahren, gezwungen hatte, das pappige Zeug ohne Protest zu essen.

Ein paar Tage später wurde sie jedoch jäh aus ihrer Selbstzufriedenheit gerissen, als sie ein alarmierendes Telefongespräch mit anhörte, das Henrik mit einem Kameraden aus dem Handball-Club führte, der kürzlich geheiratet hatte.

Sie war in der Küche und schlug Sahne, konnte jedoch Henriks Stimme am Telefon in der Diele deutlich hören.

»Laß dich nicht von ihr herumkommandieren, Konrad. Das wäre das Schlimmste, das du tun könntest. Ich war mit meiner bisher viel zu nachsichtig, aber du kannst sicher sein, ich werde ihr das schon begreiflich machen, wer hier der Herr im Haus ist. Das braucht natürlich seine Zeit. Man kann es nicht übers Knie brechen – doch so nach und nach wird sie es schon kapieren. Dann wird sie mich auch respektieren, wie es sich gehört. Ich weiß natürlich, das alles ist neu für dich, und in gewisser Weise ist es das ja auch für mich – aber mich wird sie nicht wie einen Bären an der Nase herumführen, Konrad. Das würde auf die Dauer nicht funktionieren.«

Irmgard spitzte die Ohren. Sie legte den Schneebesen aus der Hand und schlich auf Zehenspitzen zur Tür, damit sie besser hörte, was Henrik sagte. Er fuhr fort:

»Okay, da hast du recht, Konrad. Natürlich ist man zuerst ein bißchen unsicher. Schließlich hat man es noch nie versucht. Aber ich habe inzwischen ein bißchen Erfahrung gesammelt. Deshalb rate ich dir, ihr begreiflich zu machen, daß du es bist, der die Befehle gibt, und sie diejenige, die sie auszuführen hat. Das ist das beste, das versichere ich dir. Ich habe meiner schon viel zuviel durchgehen lassen, aber du kannst darauf wetten, daß ich ihr noch beibringe, wer die Hosen anhat. Wenn es nicht anders geht, schlage ich sie mal windelweich. Aber das nur im äußersten Fall. Es funktioniert immer, darauf kannst du Gift nehmen.«

Irmgards Herz begann heftig zu schlagen. Also, das war wirklich der Hammer! Und sie hatte sich eingebildet, sie hätte ihren Mann soweit, daß er nach ihrer Pfeife tanzte, während er in Wahrheit eine schreckliche Rebellion plante. Und das in den Tagen der Frauenemanzipation! Wie sollte denn in Zukunft ihre Ehe aussehen, wenn es ihm mit dem, was er zu seinem Freund sagte, wirklich ernst war? Plötzlich erkannte sie, daß Henrik viel mehr Mann war, als sie gedacht hatte. Und richtige Männer werden respektiert. Niemand versucht, einen richtigen Mann herumzukommandieren. Oh, wie dumm war sie doch gewesen! Wenn ihre Ehe halten sollte, gab es natürlich nur eins – sie mußte sich seinem eisernen Willen unterwerfen und jeder Laune von ihm nachgeben. Sie hatte ihn falsch beurteilt. Natürlich sollte er der Herr in seinem eigenen Haus sein. Und selbstverständlich mußte sie ihm gehorchen, aber – wiederum selbstverständlich – nur wenn er seine Macht nicht mißbrauchte. Doch das würde Henrik bestimmt nie tun, so war er nicht.

Sie hörte weiter zu.

»Unter uns gesagt, Konrad«, fuhr Henrik fort, »ich hab' sie bisher noch nicht zu hart angepackt, doch wenn sie mir nicht gehorcht, muß ich zu anderen Mitteln greifen. Am besten sperr' ich sie wohl in den Keller und laß' sie ein paar Tage hungern. Einsamkeit und Hunger müßten ihr eigentlich den nötigen Respekt beibringen. Also, alles Gute, und wir sehen uns im Club.«

Henriks letzter Rat an Konrad war zuviel für Irmgard. Von Entsetzen gepackt, stürzte sie in die Diele und warf sich vor ihrem Mann auf die Knie.

»Ich schwöre, daß ich dir gehorchen und alles tun werde, was du willst, Liebling!« schrie sie, sprang auf, legte ihm die Arme um den Hals und küßte ihn wild.

Sanft befreite er sich aus ihrer Umarmung, sagte: »Ist schon okay, Herzchen«, und legte den Hörer auf. Dann setzte er erklärend hinzu: »Das war Konrad aus dem Handball-Club. Er hat mich um Rat gebeten, weil er sich gerade einen jungen Schäferhund zugelegt hat – den gleichen, den wir haben.«

Natürlich hat die Ehe ihre Vorteile

Natürlich hat die Ehe ihre Vorteile vor dem Junggesellenleben. Eines Tages langweilt sich ein Junggeselle, ob er nun ausgeht oder zu Hause bleibt ... Ein verheirateter Mann hingegen langweilt sich nur, wenn er zu Hause bleibt.

Das junge Paar ist eben in sein neues Heim eingezogen. Eines Abends ärgert sich der Ehemann über irgend etwas und sagt zu seiner jungen Frau:

»Jetzt sind unsere Flitterwochen bald vorbei, und der Ehealltag beginnt; deshalb ist es vielleicht der richtige Augenblick für rückhaltlose Offenheit. Ich möchte dich nämlich auf deine schlimmsten Fehler aufmerksam machen.«

»Das brauchst du nicht, mein Schatz«, antwortet sie schnell, »ich kenne meine schlimmsten Fehler. Sie sind ja schuld daran, daß ich keinen anderen gekriegt habe als dich.«

Die Trauungszeremonie ist zu Ende, das junge Paar miteinander verbunden. Was zu sagen war, ist gesagt; was zu singen war, ist abgesungen; Pfarrer und Meßdiener haben das ihre bekommen, und auf der gekiesten Zufahrt der Kirche steigen die Hochzeitsgäste in ihre Autos. Dann flüstert eine der geschwätzigen Tanten einer Gleichgesinnten zu:

»Aber die Braut schien mir ungewöhnlich müde zu sein.«

»Na ja,«, antwortet die andere, »wen wundert das, wenn man bedenkt, wie sie ihm nachgelaufen ist.«

»Also, eigentlich habe ich etwas anderes erwartet, Harry.«

Und dann gibt es da noch die Geschichte von dem Schotten, der sofort nach der Trauung nach London auf Hochzeitsreise ging. Aber ohne seine junge Frau. Sie war schon einmal in London gewesen.

Sie kommen in die Kirche, um zu heiraten. Der Bräutigam ist offensichtlich betrunken. Sehr peinlich. Hick! Der Pfarrer runzelt mißbilligend die Stirn, als er sieht, wie der Bräutigam in der Vorhalle herumtaumelt. Er mustert die Braut und richtet dann den Blick starr auf den roten Läufer im Mittelgang der Kirche. Wieder taumelt er und ein lautes »Hick!« rutscht ihm heraus. Mit der Beherrschung des Pfarrers ist es vorbei, und er sagt:

»Wir müssen ein anderes Datum festsetzen. Das ist jetzt das drittemal, daß Ihr Bräutigam in einem solchen Zustand hier erscheint, Fräulein Hansen. Ich verlange eine Erklärung.«

»Nun ja«, antwortet Fräulein Hansen schluchzend und schniefend, »wenn er nüchtern ist, kriege ich ihn um keinen Preis der Welt hierher, Herr Pfarrer.«

Bräutigam! Bedenke dies! Du bist nichts als ein kleiner Regenwurm. Du kriechst herum, hilflos, allein und wühlst im Erdreich – bis so ein kleines Küken kommt und dich verschlingt.

Nachdem sie fünfundzwanzig Jahre verheiratet sind, wissen Männer von ihrer Hochzeit nur noch, daß sie unter den Teilnehmern waren.

Wenn du's vorher noch nicht wußtest, solltest du dir jetzt darüber klarwerden: Es gibt im Leben eines jeden Mannes zwei Perioden, in denen er Frauen nicht versteht.

Es sind die Zeiten vor und nach der Hochzeit.

»Und jetzt ins Bett, Schätzchen . . .«

Zum erstenmal Strohwitwer

Es sind nicht nur Jungverheiratete, die es nicht ertragen, auch nur acht Tage voneinander getrennt zu sein. Kamma und Kay konnten es, obwohl sie sich liebten. Kamma mußte ihre Großmutter besuchen, die auf dem Land lebte, und Kay blieb in der großen Stadt allein, in der er zahllosen Versuchungen ausgesetzt war. Nur um die Dinge ein bißchen im Auge zu behalten, rief Kammas Mutter ihn jeden Abend an; sie wollte sich überzeugen, daß er zu Hause und nicht in der Stadt hinter den Mädchen her war . . .

Kamma und Kay waren jung verheiratet. Da sie jedoch vor ihrer Heirat lange miteinander verlobt gewesen waren, ertrugen sie es ohne Schwierigkeiten, acht Tage voneinander getrennt zu sein. Kamma war aufs Land gefahren, um ihre Großmutter zu besuchen. Und Kay war Strohwitwer. Allein zu Hause in ihrem kleinen Reihenhaus mit Hund, Katze, Papagei und Goldfisch. Kamma dachte sich nichts dabei, ihn in der großen Stadt mit den zahllosen Versuchungen allein zu lassen, weil sie ihm einerseits vertraute und weil andererseits ihre Mutter, Frau Jenkins, im selben Stadtviertel wohnte und ihren Schwiegersohn im Auge behalten konnte. Und da Kay vor seiner Schwiegermutter großen Respekt hatte, durfte es eigentlich keine Probleme geben. Um ihm ihre Allgegenwart regelmäßig in Erinnerung zu bringen, rief sie ihn jeden Abend an, um sich zu überzeugen, daß er sich zu Hause angemessen langweilte, anstatt sich in der Stadt herumzutreiben und vielleicht in schlechte Gesellschaft zu geraten. So geschehen auch an jenem Abend, von dem wir berichten wollen.

Sie wählte die Nummer und wartete ein bißchen. Es meldete sich niemand. Also legte sie auf, schürzte mißbilligend die Lippen und wählte noch einmal. Es klingelte und klingelte, aber dann wurde doch abgenommen, und sie hörte Kays Stimme:

». . .wenn du den Buben gespielt hättest, hättest du seine Dame in Schwierigkeiten gebracht, und sie hätten einen Grand Slam gespielt. Hallo! Wer ist da bitte?«

»Ich bin's nur – Mutter Jenkins. Hast du Gäste?«

»Ja. Ein paar von den Jungs aus dem Handball-Club. Wir sitzen beisammen und planen unsere Strategie für die nächste Spielsaison.«

»Hast du nicht was von einer Frau gesagt – irgendeiner Dame?«

»Ich?«

»Ja, du. Wer sonst? Ich hab's genau gehört. Ist eine Frau bei dir zu Besuch?«

»Aber nein, Mutter Jenkins, ganz bestimmt nicht. Du weißt, daß ich so was nie tun würde. Ehrenwort!«

Kay hielt den Hörer ein bißchen vom Ohr weg, damit er einen Schluck von dem frischen Bier trinken konnte, das ihm eben jemand in die Hand gedrückt hatte.

»Hast du auch nicht vergessen, die Pflanzen zu gießen?«

»Nein, ich hab's nicht vergessen. In diesem Haus muß niemand Durst leiden. Ich gieße und gieße.«

Er wischte sich mit dem Handrücken den Bierschaum vom Mund. Die Freunde am Kartentisch warteten ungeduldig auf ihn.

»Hast du auch an die Palme und an den Kaktus gedacht?«

»O ja. Alles gegossen – kein Tropfen zuviel und keiner zuwenig.«

»Was ist los? Ich kann dich kaum hören. Dein Radio ist so laut.«

»Du opferst doch noch einmal fünfundzwanzig Cent für mich, ja? Dann schalte ich nämlich rasch das Radio aus, Mutter Jenkins . . . So, jetzt ist es besser, nicht wahr?«

»Ißt du?«

»Im Moment nicht – sonst aber schon. Alles ist bestens in Ordnung.«

»Sind im Kühlschrank noch ein paar von Kammas Fleischklopsen übrig?«

»Noch ein paar?«

Kay hatte nicht gewußt, daß Fleischklopse im Haus waren. Auf jeden Fall hatte er sie mit großer Genugtuung vergessen.

»Stapelst du inzwischen vielleicht das Geschirr zu Bergen?«

»Das Geschirr? Was zum . . . O nein!«

Seine Stimme schien ganz plötzlich merkwürdig weit weg zu sein. Frau Jenkins preßte den Hörer fest ans Ohr.

»Ich habe gefragt, ob du das Geschirr spülst, wie es sich gehört!« schrie sie.

»HALT DEN MUND!«

Frau Jenkins war geschockt. Kays Stimme hatte ihr praktisch das Trommelfell zerrissen, so laut und klar war sie plötzlich wieder. Aber hatte sie wirklich richtig vom Mund. Die Freunde am Kartentisch warteten ungeduldig auf ihn.

»Hast du auch an die Palme und an den Kaktus gedacht?«

»O ja. Alles gegossen – kein Tropfen zuviel und keiner zuwenig.«

»Was ist los? Ich kann dich kaum hören. Dein Radio ist so laut.«

»Du opferst doch noch einmal fünfundzwanzig Cent für mich, ja? Dann schalte ich nämlich rasch das Radio aus, Mutter Jenkins . . . So, jetzt ist es besser, nicht wahr?«

»Ißt du?«

»Im Moment nicht – sonst aber schon. Alles ist bestens in Ordnung.«

»Sind im Kühlschrank noch ein paar von Kammas Fleischklopsen übrig?«

»Noch ein paar?«

Kay hatte nicht gewußt, daß Fleischklopse im Haus

»Und dann haben wir *pot au feu* gegessen, französische Rind- und Hühnersuppe und eine Fischpastete mit holländischer Soße und hinterher Filet mignon *Anglaise* mit glasierten Zwiebeln und Bohnen und . . .«

waren. Auf jeden Fall hatte er sie mit großer Genugtuung vergessen.

»Stapelst du inzwischen vielleicht das Geschirr zu Bergen?«

»Das Geschirr? Was zum . . . O nein!«

Seine Stimme schien ganz plötzlich merkwürdig weit weg zu sein. Frau Jenkins preßte den Hörer fest ans Ohr.

»Ich habe gefragt, ob du das Geschirr spülst, wie es sich gehört!« schrie sie.

»HALT DEN MUND!«

Frau Jenkins war geschockt. Kays Stimme hatte ihr praktisch das Trommelfell zerrissen, so laut und klar war sie plötzlich wieder. Aber hatte sie wirklich richtig gehört?

»Was hast du gesagt?« fragte sie und preßte so fest die Lippen zusammen, daß man um ihren dünnen, blutlosen Mund herum kein einziges Fältchen mehr sah.

»HALT DEN MUND!«

Sie sank in einen Sessel. Das war zuviel. So hatte er noch nie mit ihr gesprochen. Da stimmte doch etwas nicht. Hatte er getrunken? Normalerweise trank er nur sehr wenig. Aber man konnte nie wissen. Junge Ehemänner sollte man nicht allzulange allein lassen.

»Hast du getrunken?«

»HALT DEN MUND!«

Frau Jenkins war so bestürzt, daß sie fast in Ohnmacht fiel. Eine solche Unverschämtheit hätte sie ihm nie zugetraut. Na, der sollte was erleben! Sie würde Kamma brühwarm von seinem schamlosen Benehmen berichten, und das sofort, wenn sie nach Hause kam. Sie rief ihn aus reiner Herzensgüte an, und was tat er? Reagierte mit der Grobheit eines Hafenarbeiters. Ihr eigener Schwiegersohn!

»Jetzt hör mir mal zu, Kay! Ich will auf der Stelle wissen, was mit dir los ist. Wenn du mir nicht sofort eine plausible Erklärung für dein Benehmen gibst, werde ich . . .«

»DU MISTSTÜCK!«

Frau Jenkins fiel der Telefonhörer aus der Hand. Sie rang

nach Luft. Dann riß sie sich zusammen, zog ihren Mantel an, bewaffnete sich mit ihrem Regenschirm – schließlich mußte sie sich verteidigen können, wenn sie Kay gegenübertrat – und eilte hinaus. Sie mußte unbedingt feststellen, was eigentlich los war.

Zehn Minuten später war sie da. Die Haustür war nicht abgesperrt, also trat sie ein, ohne zu klingeln oder zu klopfen. Kay und seine Freunde vom Handball-Club saßen um den Wohnzimmertisch herum, spielten Karten und tranken Bier. Über ihren Köpfen hing eine dicke Wolke aus Zigarettenrauch. Und wissen Sie, was dieser Teufelsbraten von Schwiegersohn getan hatte?

Er hatte den Telefonhörer in den Papageienkäfig gelegt.

Das Mädchen und der Hypnotiseur

Für Torben war die Hypnose ein aufregendes Hobby. Ab und zu experimentierte er mit der Völgyesi- und der Wolberg-Methode. Und dank dieser besonderen Fähigkeit fand er das Mädchen, von dem er wußte, daß es ihn nie betrügen würde, wenn er es heiratete . . .

Vermutlich sagen Ihnen die Namen Estabrooks, Völgyesi oder Wolberg nichts. Aber wenn Sie den jungen Torben Trick, den Helden dieser Geschichte, nach ihnen fragen, werden Sie bald erfahren, daß diese Männer die berühmtesten Hypnoseforscher dieses Jahrhunderts sind. Die Tatsache, daß er soviel über diese drei Herren wußte, legte die begründete Vermutung nahe, daß Torben Trick selbst mit Hypnose herumpfuschte.

Und das tat er auch. Er war experimentierender Amateur-Hypnotiseur. Im Bus übte er Gedankenübertragung an einigen Mitpassagieren. Er schaute einem eindringlich in die Augen und konzentrierte sich dabei auf den Gedanken: du stehst gleich auf und steigst bei der nächsten Haltestelle aus. Du stehst gleich auf . . .

Es ist kaum zu glauben, aber die Methode schien tatsächlich zu funktionieren. Immer wieder mal stand eine seiner »Versuchspersonen« auf wie ein Schlafwandler und stieg an der nächsten Station aus. Aber für gewöhnlich nur deshalb, weil sie an dieser Station ohnehin aussteigen mußte. Was nur beweist, daß Torben Trick noch Amateur war und sehr viel lernen mußte, ehe er die seltsame Kunst der Hypnose beherrschte.

Er versuchte seine Hypnosetechniken auch an den Mäd-

»Okay, ich geb' dir einen Gutenachtkuß, aber nicht mehr. Vergiß nicht, wir haben eben erst geheiratet.«

chen, mit denen er sich verabredete, schien jedoch keine bemerkenswerten Resultate zu erzielen. Um die Wahrheit zu sagen, jedenfalls nicht *die* Resultate, die er erzielen wollte. Doch einen Versuch war es immer wert.

Als er Gitta kennenlernte, konnte er sich nicht zurückhalten. Er mußte seine Hypnosekünste schon an ihr ausprobieren, als sie sich das erstemal trafen. Sie waren in einer Discothek gewesen und standen gegen Mitternacht vor ihrer Haustür. Er sah ihr tief und eindringlich in die Augen und konzentrierte sich auf: du wirst mich hineinbitten! Du wirst mich hineinbitten!

Es funktionierte nicht. Offenbar hatte er sich nicht stark genug konzentriert, denn sie sagte nur:

»Danke für den netten Abend. Ich muß jetzt rein. Meine Eltern warten auf mich. Gute Nacht.«

Und fort war sie.

Torben eilte nach Hause, um in den vielen Büchern, die er hatte, die Kapitel über Gedankenübertragung noch einmal nachzulesen. Natürlich hatte er noch viel zu lernen. Obwohl er das wußte, verstand er nicht, warum er die Technik der Gedankenübertragung noch nicht beherrschte. Doch er gab nicht auf.

Als er das nächstemal mit Gitta vor ihrer Haustür stand, versuchte er es wieder. Mit einem fanatischen Blick stierte er ihr in die großen, unschuldigen blauen Augen und konzentrierte sich wie noch nie zuvor. Du wirst mir einen Kuß geben! Du wirst mir einen Kuß geben! Du wirst mir einen . . .

Und tatsächlich! Gitta gab ihm einen schnellen, kleinen Kuß auf die Wange.

»Gute Nacht«, sagte sie mit einem bezaubernden Lächeln. »Ich muß jetzt wirklich rein. Und außerdem möchte ich dir sagen, daß ich es nicht mag, wenn Männer mich so anstarren. Da bekomme ich immer eine Gänsehaut. Tschüs denn auch.«

Und fort war sie. Torben lächelte zufrieden. Er war also

nicht ganz talentlos. Er mußte nur noch eifriger studieren. Er eilte nach Hause und las wieder alles nach, was es über Gedankenübertragung gab.

Seine Überzeugung, daß er das Talent hatte, den Willen anderer durch Gedankenkonzentration zu beeinflussen, fand ein paar Tage später ihre Bestätigung. Er hatte Gitta eingeladen, in einem der besseren Restaurants der Stadt mit ihm zu essen. Es war so teuer, daß er es sich gar nicht leisten konnte, dort zu essen, aber weil Gitta so hinreißend und er so verliebt in sie war, war er bereit, seinen letzten Pfennig auszugeben und aufs Mittagessen zu verzichten.

Sie wurden zu einem Tisch geführt, und als sie Platz genommen hatten, starrte Torben eindringlich den Kellner an, der am Büffet stand, und konzentrierte sich auf: du kommst gleich mit den Speisekarten an unseren Tisch!

Es funktionierte. Ein paar Minuten später brachte der Kellner tatsächlich die Speisekarten.

Ich bin heute abend ganz groß in Form, sagte sich Torben glücklich. In seiner Begeisterung sagte er zu Gitta, sie könne sich entweder das einfache Abendessen zu 98,-- Kronen das Deluxe-Essen für 198,-- Kronen oder das Super-Deluxe-Essen für 398,-- bestellen, zu dem sie soviel Wein trinken konnten, wie sie wollten, denn der war im Preis inbegriffen. Da es für gewöhnlich sehr lange dauert, bevor Mädchen sich entscheiden, was sie bestellen möchten, hatte Torben viel Zeit, an Gitta ein nächstes Experiment zu versuchen. Er starrte ihr ununterbrochen in die Augen und konzentrierte sich auf einen ganz bestimmten Vorschlag, immer und immer wieder.

Fünf Minuten später sagte er ihr, er sei jetzt überzeugt, er sei zum Hypnotiseur berufen.

Gitta hatte das einfache Abendessen für 98,-- Kronen bestellt.

Kein Wunder, daß er sie noch am selben Abend bat, ihn zu heiraten. Und vielleicht sollte man hinzufügen, daß sie ›ja‹ sagte, ohne daß er sie hypnotisieren mußte.

»Meine Liebe ist ewig«, sagte die Braut

»Meine Liebe ist ewig«, sagte die Braut zum Bräutigam, als sie ihren Brautstrauß sorgfältig in eine Vase stellte und Wasser hineingoß. Die Gießkanne hätte genausogut sagen können: »Nimm dich in acht, ich bin die Flut.«

In der guten alten Zeit hatte ein reicher Junggeselle einen Butler, eine Haushälterin, ein Hausmädchen, eine Waschfrau, einen Gärtner und noch weitere Hausangestellte. Will er heutzutage alle Arbeiten erledigt haben, die früher die Hausangestellten übernahmen, bleibt ihm nur eine einzige Möglichkeit – er muß ein altmodisches Mädchen heiraten.

Sie ist eine der schönsten und begehrenswertesten Frauen im ganzen Land. Er ist nur ein ganz durchschnittlicher junger Mann. Sie hat Geld, er hat nichts. Allein durch ihr Aussehen könnte sie einem alten, ausgebrannten Krater noch Flammen entlocken. Und ihm ist es irgendwie gelungen, dieses wunderbare Wesen einzufangen, vor den Altar zu schleifen und mit ihm in den heiligen Ehestand einzutreten, bis daß der Tod sie scheide.

»Unglaublich«, sagte später ein Hochzeitsgast zu ein paar anderen, während sie nach dem üppigen Hochzeitsessen einen Whiskey schlürften.

»Als ich ganz am Anfang merkte, daß er hinter ihr her war, dachte ich, er habe keine größere Chance als eine Plastikkatze, die eine Asbestratte durch das höllische Feuer verfolgt.«

»Ah – das ist der schönste Teil des Tages – endlich diese fürchterlich engen Lackschuhe ausziehen zu können . . .«

Die Zeiten haben sich wirklich geändert. Wenn sie heute bei einem jungen Paar zu einer Party eingeladen sind, diskutieren die Frauen über Politik und lösen Weltprobleme, während die Männer Kochrezepte austauschen.

Er geht zu seinem Anwalt und sagt, daß er sich scheiden lassen will.

»Moment, Moment, junger Mann«, bremst der Anwalt. »Sie haben doch erst vor ein paar Monaten geheiratet. Und jetzt wollen Sie sich scheiden lassen? Aus welchem Grund denn?«

»Wir passen nicht zusammen. Unsere Ansichten gehen zu weit auseinander.«

»Könnten Sie mir das ein bißchen näher erklären?«

»Gern. Ich will mich scheiden lassen – meine Frau nicht.«

Yvonne und Karl-Henrik sitzen in einer kleinen Hafenstadt am Kai. Der Mond schlüpft hinter eine Wolke, und man sieht die Gesichtszüge des jungen Paares nicht mehr. Aber das macht nichts, da beide ziemlich unscheinbar aussehen. Karl-Hendrik ist ein ganz durchschnittlicher junger Mann ohne besondere Eigenschaften. Er hat keine gute Figur und ein schwächliches Kinn – alles in allem ist er alles andere als das Idealbild gutaussehender Männlichkeit. Yvonne gehört zu den jungen Mädchen, an denen die Männer auf der Straße achtlos vorübergehen; nie dreht sich einer nach ihr um oder würdigt sie eines zweiten Blickes. Sie hat formlose Beine, ist vorn flach und hinten noch flacher. Ihr Gesicht vergißt man sofort wieder. Dann verkriecht sich der Mond noch tiefer zwischen die Wolken.

Karl-Henrik legt Yvonne die Hand auf das Knie und sagt: »Glaubst du nicht, daß wir bald heiraten sollten?«

»Klar«, antwortet Yvonne mit einem tiefen Seufzer, »Natürlich sollten wir. Aber wer nimmt uns schon?«

Mutter und Tochter sind allein in der Küche. Ein wenig vorwurfsvoll sagt die Mutter zu ihrem reizenden Sprößling: »Als du mit deinem Mann bei Tisch diese Auseinandersetzung hattest, ist mir aufgefallen, daß du ihm das letzte Wort gelassen hast. Ist das nicht ein schlechter Anfang?«

»Ja, Mutter, aber . . . Weißt du, ich dachte, ich müßte ihm ein bißchen den Rücken stärken. Schließlich soll er von unserem Hochzeitstag auch etwas haben.«

Geduld wird belohnt, Liebling

Als Ursula und Arthur sich formell verlobten, fehlte ihnen, um heiraten zu können, nur eins – eine Wohnung. Eine Zweizimmerwohnung hätte ihnen gereicht. Doch es war einfach keine zu haben, und darüber waren sie natürlich sehr enttäuscht.

»Aber«, sagte Arthur, »wir müssen uns einfach mit Geduld wappnen, dann finden wir bestimmt etwas.« Also wappneten sie sich mit Geduld . . .

Ursula hatte in ihrem ganzen Leben nur einen Mann geliebt – ihren herzallerliebsten Arthur. Sie hatten sich an einem warmen, hell bestirnten Sommerabend kennengelernt. Sie erinnerte sich noch daran, als wäre es gestern gewesen. Sie hatte eben die Oberschule abgeschlossen und war zu vielen Abiturfeiern eingeladen gewesen, doch jetzt war alles zu Ende. Ihre Freundinnen und Mitschülerinnen waren fortgegangen, um zu studieren oder einen Beruf zu erlernen, und sie fühlte sich plötzlich sehr allein.

Eines Abends war sie mit dem Fahrrad zum Hafen gefahren und saß auf einer Bank am Kai, um die Aussicht zu genießen. Auf einmal stand ein junger Mann vor ihr.

»Entschuldigen Sie«, sagte er lächelnd, »ich wüßte gern, ob Sie mit diesem warmen Sommerabend zufrieden sind. Sind Sie mit dem Wetter zufrieden?«

»Zufrieden?« fragte Ursula ein wenig verwirrt. Es war eine so merkwürdige Frage.

»Nun ja, sehen Sie, ich bin es nämlich, der das Wetter gemacht hat. Ich arbeite am Meteorologischen Institut. Und jetzt würde ich ganz einfach gern hören, was Sie . . .«

Ohne Worte

»Ja, vielen Dank«, unterbrach Ursula. Auch sie lächelte jetzt. »Ich kann nur sagen, daß ich sehr zufrieden bin. Außerdem finde ich es besonders hübsch, wie Sie die Sterne angeordnet haben. Wie haben Sie das nur geschafft?«

Das war eine Frage, die einer Antwort bedurfte. Daher setzte sich der gutaussehende junge Mann neben Ursula auf die Bank.

Er schilderte ihr genau, wie das Wetter »gemacht« wurde, und erklärte ihr auch, wie die Vorhersagen zustande kamen. Es war alles sehr kompliziert, und so saßen Ursula und der junge Mann – er hieß Arthur – noch um Mitternacht auf der Bank. Natürlich bewunderten sie auch die unzähligen Sterne am tiefblauen Nachthimmel. Eins ergab das andere. Und dann zog Arthur Ursula an sich und fing an, sie zu küssen. Von da an dachte sie nicht mehr an die Wettervorhersage für die nächsten Tage.

Vier Wochen später suchten sie sich bei einem Juwelier die Verlobungsringe aus.

»Ich halte nichts von langen Verlobungen«, sagte Arthur. Deshalb will ich mich gleich nach einer Wohnung umsehen, und sobald ich eine gefunden habe, können wir heiraten.«

Schnell schob er Ursula den Verlobungsring auf den Finger, küßte sie und ging auf Wohnungssuche.

Aber er fand keine. Es herrschte großer Wohnungsmangel.

»Na schön«, sagte er, »ich lasse unsere Namen bei allen gemeinnützigen Wohnungsbaugesellschaften auf die Warteliste setzen.«

Obwohl er das sofort in Angriff nahm und eine gemeinnützige Wohnungsbaugesellschaft nach der anderen abklapperte, um auf ihre Wartelisten zu kommen, gab es keine freien Wohnungen. Die Listen waren sehr lang, und jeder mußte warten, bis er an die Reihe kam.

Arthur ging sogar zu privaten Hauseigentümern, um sich auch bei ihnen eintragen zu lassen. Es bestand jedoch kaum Aussicht, in naher Zukunft eine Wohnung zu bekommen.

»Versuchen wir also, in allen Zeitungen zu inserieren«, sagte Arthur, der nicht so leicht aufgeben wollte.

Aber niemand antwortete auf die Inserate.

Zuerst war Arthur enttäuscht, doch dann siegte sehr schnell sein Optimismus, und er sagte: »Na schön, dann müssen wir uns eben mit Geduld wappnen; einmal wird es schon klappen.«

Und Ursula und Arthur wappneten sich mit Geduld. Die Jahre vergingen. Sie hatten immer noch keine Wohnung. Arthur versuchte, auf die Wohnungsbaugesellschaften Druck auszuüben, doch es war sinnlos. Neue Häuser wurden gebaut, und er rannte von einem zum anderen. Aber wie schnell er auch laufen mochte, immer waren schon andere vor ihm da gewesen. Schließlich war er so viel umhergelaufen, daß er müde geworden war. Ursula sah es ihm an.

»Nun«, sagte sie niedergeschlagen und drehte ihren Verlobungsring am Finger, »es sieht nicht so aus, als könnten wir jemals heiraten.«

»Natürlich können wir. Früher oder später finden wir schon etwas. Es werden doch ununterbrochen neue Mietshäuser gebaut.«

Aber in keinem gab es eine Wohnung für Arthur und Ursula. Die Zeit verging. Ein Jahr folgte aufs andere, und die beiden wurden nicht jünger. Langsam kamen sie in die mittleren Jahre. Und Ursula sah Arthur immer seltener.

»Bestimmt ist er wieder auf Wohnungssuche«, tröstete sie sich resigniert.

Dann tauchte er überhaupt nicht mehr auf. Die Jahre verstrichen, Ursula wurde alt und zog in ein Altenheim. Sie verbrachte ihre Zeit hauptsächlich im Gemeinschaftsraum, saß in einem Schaukelstuhl und strickte und seufzte über ihr vergeudetes Leben – vergeudet, weil sie und Arthur keine Wohnung finden konnten. Doch so läuft es nun mal in einem modernen Wohlfahrtsstaat. Auf dem Papier gibt es genug Wohnungen für jedermann, aber wenn man wirklich eine braucht, bekommt man keine. So sieht die Realität aus.

»Du weißt, ich habe dich nicht deines Geldes wegen geheiratet, Liebling – aber könntest du mir einen Dollar für den Pagen leihen – bis ich Ende des Monats mein Gehalt bekomme . . .?«

Es ist zum Heulen, aber Tränen nützen auch nichts. Es fiel Ursula aber trotzdem schwer, nicht zu weinen.

Aber was war das? Die Tür des Gemeinschaftsraums flog auf, und ein alter Mann kam völlig außer Atem herein – ihr Arthur!

Er stürmte auf sie zu und rief: »Es ist soweit, Ursula, du kannst dein Hochzeitskleid bestellen. Man hat mir eine Dreizimmerwohnung mit Balkon und allem Komfort zugesagt! Wir werden einen herrlichen Blick auf den Großen Wald haben und können den Sonnenuntergang beobachten. Du siehst, Liebling, unsere Geduld wurde belohnt.«

»Arthur!« Ursula lächelte unter Tränen und warf sich in seine zitternden, alten Arme. »O Arthur! Du hast es endlich doch geschafft! Ich wußte, du würdest nie aufgeben. Wann können wir einziehen?«

»Die Baufirma hat schon das Grundstück am Großen Wald gekauft. Jetzt brauchen die Behörden nur noch die Baugenehmigung zu erteilen und die Pläne des Architekten gutzuheißen, dann wird sofort mit dem Bau begonnen. Wenn es keine Verzögerungen gibt, ist die Wohnung spätestens 1998 beziehbar.«

Hurra! Ich bin Vater!

Eine angemessene Zeit nach der Hochzeit ist es nicht ungewöhnlich, daß man anfängt, die junge Frau eine »werdende Mutter« zu nennen. Schon viel wurde über diesen glücklichen Zustand geschrieben. Daher ziehen wir es vor, unseren Lesern einen Einblick in das Verhalten zweier junger Männer zu geben, die zum erstenmal Vater werden, denn ihre Reaktionen, während sie im Wartezimmer der Entbindungsstation auf Resultate warten, sind sehr verschieden . . .

Peter Moore war Chefredakteur der *Sheffield Times*. Harry Pentover Ladenbesitzer. Die einzige Gemeinsamkeit zwischen ihnen war die, daß ihre Frauen in den Wehen lagen.

Peter Moore konnte nur leicht nachsichtig lächeln, während er Harry Pentover beobachtete, der im Wartezimmer der Entbindungsstation nervös hin und her lief, immer hin und her. Ganz offensichtlich wurde er zum erstenmal Vater, war jung verheiratet, hatte mit diesen Dingen noch keine Erfahrung und litt ebenso qualvoll wie grundlos. Gütiger Gott! Eine Geburt war doch nichts Ungewöhnliches. In jeder Sekunde wurde irgendwo auf der Welt ein Kind geboren, und so war es, Sekunde um Sekunde, seit Anbeginn der Zeit. Und trotzdem – seht euch doch den jungen Kerl an! Wie er schwitzt, eine Zigarette nach der anderen raucht und jedesmal, wenn man aus dem Kreißsaal ein Geräusch hört, ein Gesicht macht wie ein erschrockenes Kaninchen bei Gewitter. Absolut lächerlich.

»Versuchen Sie sich doch ein bißchen zu entspannen, junger Mann«, sagte Peter Moore. »Setzen Sie sich hin, und nehmen Sie die Sache auf die leichte Schulter. Sehen Sie mich an! Ich bin ganz ruhig.«

Harry Pentover zerdrückte eine Zigarette im überquellenden Aschenbecher und zündete sich mit zitternden Hände eine neue an.

»Erwarten Sie auch? Ich meine – liegt Ihre Frau auch im Kreißsaal? Entbindet sie gerade?«

Moore nickte und wandte sich wieder der Zeitschrift zu, die er mitgebracht hatte, um sich die Wartezeit zu verkürzen.

»Haben Sie's schon mal versucht?« fragte Pentover. »Ich meine – ist das ihr erstes?«

Moore nickte wieder.

»Es ist auch bei mir das erstemal«, sagte Pentover und lockerte seine Krawatte. »Wir sind jetzt über ein Jahr verheiratet, Maggie und ich. Und sie wünscht sich so sehr ein Mädchen. Mir wäre ja ein Junge lieber. Aber eigentlich ist es mir egal, wenn es nur gesund ist. Das Wichtigste ist, daß wir uns wirklich Kinder wünschen . . .«

Sehr gefaßt klopfte Moore seine Pfeife im Aschenbecher aus, stopfte sie frisch und steckte sie an.

»Eigentlich ist es wirklich egal, ob Junge oder Mädchen«, schwatzte Pentover weiter. »Und vielleicht sind es sogar Zwillinge.«

Er fummelte in seiner Brusttasche nach den Zigaretten, und als er sie herauszog, fiel die Hälfte auf den Boden.

»Zwillinge? Darüber gibt es Statistiken. Zwillinge kommen unter zweihunderttausend Geburten nur einmal vor«, sagte Moore.

»Oder – oder es könnten Drillinge sein. Auch das hat es schon gegeben. Drillinge würden natürlich unser Budget sehr belasten – aber wir würden es schaffen. Das Wichtigste ist . . .«

»Drillinge«, unterbrach Moore gelassen, »kommen nur einmal unter neunhunderttausend Geburten vor. Versuchen Sie doch jetzt, an etwas anderes zu denken. Und versuchen Sie sich zu entspannen. Sehen Sie mich doch an! Zittern meine Hände? Sitze ich hier und verstreue Tabak im ganzen Wartezimmer, weil ich so nervös bin? Nein, natürlich nicht.

Ich habe die Situation phantastisch unter Kontrolle. Und wissen Sie, wieso ich so ruhig bin? Weil ich nichts tun, die Geburt verzögern noch beschleunigen kann. Und weil ich über ein Mädchen genauso glücklich sein werde wie über einen Jungen. Ein Kind ist ein Kind, und eine Entbindung ist eine Entbindung. Es hat sie schon billionenmal gegeben. Da ist nichts Sensationelles dran.«

»Ja – aber – aber nehmen wir einmal an, Ihre Frau bekommt Vierlinge. Was dann?«

»Wissen Sie, wie groß die Chancen für eine Vierlingsgeburt sind? Bei vier Millionen Geburten gibt es ein einziges Mal Vierlinge. Ich habe kürzlich einen Artikel geschrieben . . . Ach ja, ich bin übrigens Chefredakteur der *Sheffield Times* und schrieb einen sehr interessanten Artikel über . . .«

Die Tür des Wartezimmers ging auf und eine Schwester kam herein. Pentover stockte der Atem; es war, als wäre er auf seinem Stuhl festgenagelt.

»Haben Sie Neuigkeiten für mich, Schwester?« fragte Moore ganz beiläufig.

»Nein. Für Mr. Pentover. Es ist ein Junge, Mr. Pentover, ein gesunder Junge. Herzlichen Glückwunsch!«

Pentover sprang auf und schrie seine Freude heraus.

»Ein Sohn! Hurra!« Dann lief er auf die Schwester zu, umarmte sie, hob sie auf und schwang sie im Kreis herum.

»Das reicht jetzt aber«, sagte sie gutmütig und befreite sich. »Setzen Sie sich und entspannen Sie sich. Ich hole Sie in einer halben Stunde ab, dann dürfen Sie Ihre Frau und Ihr Baby sehen.«

Kaum war die Schwester draußen, sprang Pentover auf. Er konnte sich einfach nicht beherrschen.

»Ein Sohn!« rief er glücklich. »Es ist phantastisch! Ich habe einen Sohn gewollt, und jetzt hab' ich einen bekommen. Es ist einfach herrlich. Wollen Sie eine Zigarre? Ich habe für den Fall, daß es ein Junge ist, ein ganzes Kistchen Havannas mitgebracht. Und jetzt ist es ein Junge. Hurra!«

Moore schüttelte den Kopf. Dieser junge Pentover war

wirklich zu unbeherrscht. Er lächelte nachsichtig über Pentovers Kapriolen.

Wieder ging die Tür des Wartezimmers auf, und eine andere Schwester steckte den Kopf herein.

»Mr. Moore«, sagte sie, »würden Sie einen Moment mit mir kommen?«

Moore legte die Zeitschrift weg, klopfte seine Pfeife im Aschenbecher aus, schob sie in die Brusttasche und folgte der Schwester ganz ruhig. Zwanzig Minuten später flog krachend die Tür des Wartezimmers auf, und Moore stürzte ans Telefon.

Er wählte eine Nummer und wartete ungeduldig darauf, daß sich jemand meldete.

»Sheffield Times, Lokales.«

»Hier ist Moore!« schrie er aufgeregt in den Hörer. »Haltet die Druckerpressen an, schickt einen Reporter und einen Fotografen in die Frauenklinik, haltet die Titelseite und auf der letzten Seite noch zwei Spalten frei.«

Dann fiel ihm der Hörer aus der Hand, und er mußte sich an die Wand lehnen, um nicht in Ohnmacht zu fallen. Harry Pentover kam zu ihm, stützte ihn und richtete ihn auf.

»Was ist passiert?« fragte er.

Moore riß sich zusammen. Auf seinem Gesicht breitete sich ein stolzes Vater-Lächeln aus.

»Es ist phantastisch!« schrie er. »Wir haben Zwillinge! Hurra! Hurra! Hurra!«

Die Verlobungsringe

Zum Glück gehen heute nicht alle jungen Leute ganz lokkere Beziehungen ein, ohne sich um Formalitäten zu kümmern – wie etwa die Hochzeit. Es gibt noch immer ein paar Mädchen, die auf dem alten Vorspiel, der Verlobung und den dazugehörigen Verlobungsringen bestehen. Susanne, zum Beispiel, war mit einem Soldaten verlobt, doch das Verlöbnis war nicht unproblematisch . . .

Susanne verstand die Männer nicht. Sie, zum Beispiel, war mit Michael praktisch verlobt, aber dann wurde er als Soldat zum Dienst am Vaterland einberufen und schien von da an nur noch an andere Dinge zu denken. Sie bekam ihn kaum noch zu sehen. Eines Tages rief er jedoch an und sagte, er habe zwei Kinokarten und komme sie abends gegen acht abholen. Sie machte sich so hübsch wie möglich, wobei sie alle ihr zur Verfügung stehenden Mittel zu Hilfe nahm, und wartete auf ihn. Aber er kam nicht. Kurz vor halb neun hatte sie alle Hoffnung aufgegeben. Da klingelte es. Sie flog zur Tür und riß sie auf. Doch da stand nicht Michael, sondern ein Soldat, den sie nicht kannte. Er salutierte und sagte, er wolle ein Mädchen namens Susanne sprechen.

»Ich bin Susanne«, sagte sie.

»Ich heiße Paul«, sagte der Soldat. »Michael hat Stubenarrest, weil er geschlafen hat, während er eigentlich seine Stiefel reinigen sollte. Sein Abend war also zum Teufel, und da habe ich ihm die Kinokarten abgekauft, weil's ja schade drum wäre, nicht wahr?«

»Soll das heißen . . .«

»Nun, ich glaube, wir brauchen jetzt nicht mehr so förmlich zu sein, Arthur. Nimm den Hut ab.«

»Wenn wir uns beeilen, können wir fast noch den ganzen Film sehen.«

Und so ging Susanne mit Paul ins Kino. Im Laufe des Abends stellte sich heraus, daß er ein netter Kerl war, mit dem man viel Spaß haben konnte. Nach diesem ersten Kinobesuch trafen sie sich öfter, und als Paul ein freies Wochenende hatte, verbrachte er auch einige Zeit bei Susannes Eltern, um sie kennenzulernen. Susanne begann zu hoffen, daß er bald anfangen würde, von Verlobung zu sprechen. Sie war ein ziemlich altmodisches Mädchen, dem noch immer viel an einer förmlichen Verlobung lag – dem Gang zum Juwelier, dem Kauf der Verlobungsringe. War diese Hürde genommen, konnte man über die Hochzeit reden.

»Am Sonntag habe ich Geburtstag«, erzählte sie Paul eines Abends. »Wenn du willst, kannst du zum Abendessen zu uns kommen; du bist herzlich eingeladen.«

Paul wäre sehr gern gekommen. Wenn es um Hausmannskost geht, wird ein Soldat nie nein sagen – es sei denn, er ist im Hungerstreik, weil er nicht genug zu essen bekommt.

Der Sonntag kam, aber kein Paul. Susanne und ihre Eltern warteten eine Zeitlang, beschlossen dann aber zu essen, damit die Speisen nicht verdarben. Als sie sich eben eine zweite Portion von dem köstlichen Roastbeef nahmen, klingelte es.

Susanne sprang auf, rannte zur Tür und da stand tatsächlich ein Soldat, aber er sah ganz anders aus als Paul.

»Herzlichen Glückwunsch zum Geburtstag«, sagte er und reichte ihr einen kleinen Blumenstrauß. »Leider konnte Nummer vierundvierzig – das heißt – Paul nicht kommen. Der Unteroffizier hat an seinem Gewehr eine rostige Stelle entdeckt und seinen Urlaub gestrichen.«

Susanne bat den Soldaten, Paul herzlich von ihr zu grüßen und ihm in ihrem Namen für die Blumen zu danken.

»Aber die Blumen sind nicht von Paul«, sagte er. »Sie sind von mir.«

Was blieb ihr anderes übrig, als ihn zum Essen einzuladen.

»Du rauchst nicht, du trinkst nicht, du spielst nicht, du fluchst nicht . . . Gibt es vielleicht noch etwas, das du nicht tust?«

Und er war nicht nur rechtzeitig genug gekommen, um eine zweite Portion zu essen; er verleibte sich auch noch eine dritte ein. Er hieß Henry und schien ein netter, energischer, vernünftiger und zuverlässiger junger Mann zu sein. Er nutzte jede freien Abend, um mit Susanne auszugehen. Aber leider nur, bis man ihn beim Wacheschieben schlafend erwischte, was beim Militär eine schwere Verfehlung ist, denn der Feind hätte sich mit ein paar Atomraketen an ihm vorbeischleichen und so das ganze Land erobern können, bevor man bis drei zählen konnte. Er teilte Susanne den Sachverhalt brieflich mit und ließ den Brief von einem anderen Soldaten überbringen.

Liebe Susanne, schrieb er, *sie haben mich zu acht Tagen im Bunker verdonnert, weil ich, während ich Wache schieben sollte, auf der Toilette in der Nähe des Wachhäuschens eingeschlafen bin. Sobald ich die Strafe abgesessen habe, werde ich versetzt. Du mußt Dir also jemand anders suchen, Schatz. Mein Kumpel Franz, Nummer 87, der Dir diesen Brief überbringt, ist schwer in Ordnung. Du kannst ruhig mit ihm ausgehen. Er kommt aus einer guten Familie und hat Abitur. Zur Zeit hat er keine Freundin. Ihm wird der Ausgang nur selten gestrichen, und er ist äußerst gewissenhaft. Auf Wache schläft er kaum jemals ein. Ich wünsche Dir viel Glück für die Zukunft. Alles Liebe von Nummer 74, Henry*

Susanne zeigte den Brief ihren Eltern. Sie luden Franz ein, weil sie sich ein Bild von ihm machen wollten. Da er nett aussah und einen vertrauenswürdigen Eindruck machte, waren sie der Meinung, er dürfe ihre Tochter ruhig ausführen, obwohl sie es allmählich recht merkwürdig fanden, daß die Soldaten so oft wechselten.

»Franz meint es ernst!« berichtete ihnen Susanne ein paar Wochen später triumphierend. »Heute waren wir beim Juwelier und haben uns Verlobungsringe angesehen.«

Das nächste freie Wochenende von Franz nutzten sie, um sich auf richtig altmodische Art zu verloben. Susanne war ganz vernarrt in ihren Ring. Er war ja auch aus gutem vierzehnkarätigem Gold und hatte ein Vermögen gekostet.

»Ihr seht«, sagte Susanne zu ihren Eltern, »Soldaten sind doch nicht so wankelmütig, wie ihr gedacht habt.«

Susanne und Franz trafen sich regelmäßig, wenn er abends frei hatte oder einen Urlaubsschein für das Wochenende bekam, und ungefähr einen Monat lang ging alles gut. Aber dann stand, als sie ihn erwartete, wieder ein fremder Soldat vor der Tür.

»Hat Franz Ausgangssperre?« fragte sie erschrocken. »Ist er beim Wacheschieben eingeschlafen? Hat er Stubenarrest, weil sein Gewehr eine Roststelle hatte?«

»Nun – nein«, antwortete der fremde Soldat und fuhr sich mit dem Finger unter den Kragen. »Er kommt nicht mehr, er hat sich in eine andere verliebt.«

»Oh!« sagte Susanne. »Aber was wollen Sie hier?«

»Na ja«, sagte der Soldat verlegen und mühte sich noch immer, seinen zu engen Kragen zu lockern. »Na ja, ich – ich . . . Also – hmm – ich habe die Ratenzahlungen für die Verlobungsringe übernommen.«

Der Ehemann, der überraschend nach Hause kam

Die Frage, die sich auch glücklichen Jungverheirateten sehr schnell stellt, ist die – kann oder darf man seinem Partner rückhaltlos vertrauen? Ist es nicht schrecklich schäbig, und zeugt es nicht von erbärmlichen Mißtrauen, überraschend nach Hause zu kommen, nur um zu sehen, was der geliebte Mensch gerade tut?

Frits Fodholm war jung verheiratet. Er war so jung verheiratet, daß man es ihm ansah, besonders dem Lächeln ansah, das alle Jungverheirateten haben, solange alles noch so neu, aufregend und rosig ist. Dieses Lächeln galt der ganzen Welt – oder zumindest jenem Teil der Welt, in dem Frits sich bewegte, von dem kleinen Reihenhaus in der Vorstadt, in das er und Irmelin gleich nach der Hochzeit eingezogen waren, bis in die City, wo er in einem Architektenbüro arbeitete.

Frits Fodholm gehörte zu jenen attraktiven, liebenswürdigen jungen Leuten, die keiner Katze ein Haar krümmen und noch weniger eine Fliege erschlagen konnten. Dennoch – die plötzliche dramatische Wendung, die sein Leben nahm, brachte ihn fast dazu, etwas zu töten, das abertausendmal größer war als eine Fliege – ein zweibeiniges Exemplar der Spezies *homo sapiens.* Frits hatte keine Ahnung, welch schreckliche Kraft seinen Fäusten innewohnte.

Es begann vierzehn Tage nach der Hochzeit, während er an seinem Zeichenbrett saß und hübsche Mädchen skizzierte – Mädchen mit Brautschleiern, Mädchen ohne Brautschleier und ganz und gar hüllenlose Mädchen. Sein Chef, von

»Es tut mir furchtbar leid, Henrik, aber heute abend geht es wirklich nicht . . .«

einem verlängerten Mittagessen bei der Architekten-Vereinigung zurückkehrend, war ungewöhnlich mild und menschenfreunlich gestimmt und betrachtete die Skizzen des üppigen Mädchens auf Frits Fodholms Zeichenbrett mit wohlwollender Nachsicht.

»Nun, Fodholm«, sagte er gespielt vorwurfsvoll, »was haben Sie eigentlich im Kopf?«

»Meine Frau, meine Irmelin«, antwortete Fodholm begeistert, während er versuchte, die Skizzen zuzudecken.

»Warum gehen Sie dann nicht nach Hause und schwatzen ein bißchen im Bett mit ihr«, schlug der Chef gutmütig vor. »Wir haben noch nicht alle Daten, die wir für die Toiletten im staatlichen Bauhof brauchen, also können Sie vor morgen sowieso nicht mit den Plänen anfangen. Nehmen Sie sich doch den Nachmittag frei.«

»Ist das Ihr Ernst?« Fodholm hatte noch nie am hellichten Nachmittag Feierabend gemacht. »Darf ich wirklich nach Hause gehen und . . .«

»Aber ja.« Sein Chef nickte. »Und machen Sie nicht so ein bestürztes Gesicht. Als frischgebackener Ehemann, der eines Tages ohnehin durch Erfahrung klug wird, ist es keine so schlechte Idee, ab und zu unerwartet nach Hause zu kommen. Vielleicht erwischen Sie sie *in flagranti.*«

»In flagranti?« Der nette, ruhige Frits Fodholm verstand nicht, worauf sein Chef hinauswollte.

»Na ja, man weiß doch nie, was Frauen anstellen, oder? Ich meine, in diesen sexbesessenen Zeiten. Haben Sie noch nie was von den gelangweilten grünen Witwen in den Vorstädten gehört? Was die machen? Sie erinnern sich an jemand, den sie vor ihrer Ehe gekannt haben, und manchmal kommt dieser gute alte Freund und hilft dem kleinen Frauchen aus reinem Mitleid über einen langen, einsamen und langweiligen Tag hinweg. Das ist schon oft vorgekommen.«

»Ja, ja, natürlich, ich seh' schon, was Sie meinen«, sagte Fodholm, hatte aber in Wahrheit kein Wort verstanden.

»Okay, du mußtest also einen deiner Koffer selber tragen. Aber gib ihm trotzdem ein Trinkgeld, sonst werden wir ihn nicht los . . .«

Doch auf der Heimfahrt in sein kleines Vorstadtreihenhaus dachte er lange und gründlich darüber nach. Nach einer Weile dämmerte es ihm, und ihm wurde klar, worüber sein Chef gesprochen hatte. Er hatte einen Liebhaber gemeint! Aber Frits Fodholms Irmelin war nicht so. Oder doch? Während der drei Jahre, die sie verlobt gewesen waren, hatte sie auf Partys sehr wohl mit anderen Typen geflirtet. Vielleicht war er wirklich zu naiv und zu gutgläubig gewesen und hätte in den vierzehn Tagen nach der Hochzeit längst einmal überraschend nach Hause kommen sollen.

Welche Garantie hatte er denn dafür, daß Irmelin den Tag mit Geschirrspülen, Staubwischen, Putzen, Staubsaugen und Kochen verbrachte? Hatte sie nicht schon ein paarmal gesagt, daß ihr die Tage, seit sie Nur-Hausfrau war, ein bißchen lang vorkämen und sie keine Lust mehr habe, den ganzen Nachmittag Kreuzworträtsel zu lösen? War es möglich, daß sie . . . Sicher, warum auch nicht. Natürlich war es möglich. Sie war sehr schön, und es gab einen Haufen Kerle, die hinter schönen Ehefrauen her waren.

Fodholm fuhr ein bißchen schneller, als er in seine Straße einbog. Sie wurde auf beiden Seiten von kleinen, gemütlichen Reihenhäusern flankiert, die sich noch ähnlicher sahen als ein Ei dem anderen. Er winkte einem Nachbarn, der seine Hecke schnitt, begrüßte dann eine Nachbarin, die Fenster putzte, und sagte auch zum Polier der Baufirma hallo, der seinen Wagen wusch. Merken die vielleicht, daß ich überraschend nach Hause komme? dachte Fodholm. Wissen sie etwas über Irmelin, das ich nicht weiß? Schnell stellte er den Wagen ab, öffnete die Gartenpforte und eilte zum Haus. Er wollte klingeln, überlegte es sich dann jedoch anders und drückte die Klinke der Haustür herunter. Es war nicht abgeschlossen, er konnte unbemerkt hinein.

Ganz leise schlich er sich in die Diele und blieb wie angewurzelt stehen. Auf dem Tisch lag in einem schweren Aschenbecher ein Zigarettenstummel. Aber weder er noch Irmelin rauchten oder hatten je geraucht. Es mußte ein

Fremder im Haus sein! Aber wo? Und wer? Vielleicht war es nur Onkel Alfred. Doch auch Onkel Alfred war Nichtraucher.

Fodholms Herz begann heftig und unkontrolliert zu schlagen. Sein Gesicht brannte wie Feuer. Aus dem Wohnzimmer hörte er Stimmen. Energisch riß er die Wohnzimmertür auf.

Auf dem Sofa lag ein Fremder und hielt Irmelin in den Armen. Sie küßten sich leidenschaftlich. Auf dem Kaffeetisch standen eine Flasche Wein und zwei halbvolle Gläser. Als der Mann Fodholm erblickte, sprang er auf.

»Was – was tun Sie hier?« stotterte er, offenbar völlig verwirrt.

Fodholm antwortete nicht und überlegte nicht. Er ballte so fest die Hand, daß die Fingerknöchel weiß hervorstachen, stürzte sich auf den Mann und versetzte ihm einen mächtigen Kinnhaken. Lautlos brach der Mann auf dem Perserteppich zusammen und blieb so schlaff wie ein Lumpenbündel liegen, ausgepustet wie eine Kerze. Fodholm fuhr herum, um Irmelin zu packen und vom Sofa in die Höhe zu zerren . . .

»Du Miststück! Du Flittchen!« brüllte er, praktisch mit Schaum vor dem Mund.

Dann sah er, daß das Mädchen nicht Irmelin war.

Und langsam dämmerte ihm, daß er sich ins falsche Haus verirrt hatte.

Künftige Ehemänner – denkt daran

Ihr künftigen Ehemänner, denkt daran! Das schüchterne, anständige, bescheidene, zurückhaltende Mädchen, das vor der Hochzeit errötet und leicht protestiert, wenn ihr ihm Pralinen, Rosen, Orchideen und himmlisch duftendes französisches Parfüm schenkt, ist dieselbe Frau, die sich nach der Hochzeit, ohne mit der Wimper zu zucken, schamlos euren Gehaltsscheck aus eurer Brusttasche schnappen wird.

Glaubt es oder glaubt es nicht, es gibt tatsächlich lebende Ehemänner – und ich berichte das, um altgedienten Ehemännern auf die Sprünge zu helfen –, die nach einem schweren Arbeitstag halb verhungert nach Hause kommen, in die Küche gehen und ihrer Frau einen Kuß geben, *bevor* sie die Topfdeckel heben, um nachzusehen, was es zu essen gibt.

Unwiderlegbare Tatsache ist, daß immer die Frau es besonders eilig hat, zu heiraten – es kann ihr gar nicht schnell genug gehen. Aber das Tempo ist nichts im Vergleich zu dem, das sie anschlägt, wenn sie geschieden werden will.

Liebe nach einer langen Verlobung ähnelt der Suppe, die sie bei Hochzeitsessen servieren. Wenn alle Teller gefüllt sind und man anfangen könnte, zu essen, ist sie nur noch lauwarm.

Das Dumme an den Männern ist, daß sie durchs Leben gehen und sich nach einer Traumfrau sehnen; einer Frau, die absolut tugendhaft, bildschön und in jeder Beziehung

»Eigentlich haben wir ja unter Vorspielung falscher Tatsachen geheiratet, Charlotte. Davon hat der Pfarrer kein Wort gesagt . . .«

einsame Spitze ist. Aber ein solches Wesen hat und wird es nie geben.

Falls aber doch irgendwo ein solches Musterexemplar an Vollkommenheit existieren sollte, ist es bestimmt viel zu vernünftig, um auf ein so arrogantes und aggressives Geschöpf wie den Mann hereinzufallen.

Zwei »beste Freundinnen« treffen sich zufällig auf der Straße. »Nun«, sagte die eine, »wie steht es jetzt eigentlich mit dir und Harry? Habt ihr eigentlich vor, zu heiraten?«

»Aber ja, natürlich«, antwortete die andere.

»Und wann?«

»Sofort nachdem er mich gefragt hat.«

Sie sind jung verheiratet und haben einen Termin beim Psychiater, einem Spezialisten für Sexualpathologie. Sie sitzen im Sprechzimmer.

Der junge Mann rutscht unbehaglich auf seinem Stuhl hin und her und sagt:

»Sie müssen uns helfen, Doktor. Wir sind jetzt seit einem Monat verheiratet und haben – nun ja, wir haben Verständigungsschwierigkeiten.«

»Kommen wir doch gleich zur Sache«, sagt der Psychiater. »Haben Sie sexuelle Probleme?«

»Aber nein, da ist alles in Ordnung«, antwortet die junge Frau und wird ein wenig rot dabei. »Nachts haben wir keine Schwierigkeiten. Aber – aber am nächsten Morgen, nun ja . . .«

Wieder rutscht der junge Mann unruhig auf seinem Stuhl hin und her.

»Ja, also wissen Sie, Doktor«, sagt er und fährt sich mit dem Finger unter den Rollkragen seines Pullovers, »es ist wirklich idiotisch, aber am Morgen siezen wir uns wieder und reden uns mit den Familiennamen an – ich meine, ich nenne meine Frau dann Fräulein Sowieso . . .«

Zwei alte Bekannte treffen sich zufällig. Einer sagt zum anderen:

»Ich habe gehört, daß du heiraten willst.«

»Ich will nicht, ich habe schon, und zwar vorigen Sonntag. Aber es ist ein ziemlicher Reinfall. Es könnte sein, daß lange Verlobungen einer Ehe eher schaden als nützen.«

»Wie lange warst du denn verlobt?«

»Siebzehn Jahre.«

Haben Sie schon von Sandy McTavish gehört, dem Schotten, der eben seine Hochzeitsreise angetreten hat? Er hat sich selbst übertroffen und zur Feier des Tages einen großen Schokoladeriegel gekauft. Dann hat er zwei kleine Stückchen abgebrochen, eins seiner Frau gegeben und eins selbst gegessen. Den Rest steckte er in die Tasche. Er will ihn aufheben, bis sie Kinder haben.

Willst du diese Frau zu deiner rechtmäßig angetrauten Ehefrau nehmen?

Draußen auf dem Land überstehen die Menschen die zahlreichen Wechselfälle des Lebens mit einer Gelassenheit und Geistesgegenwart, die man bei den Bewohnern großer, hektischer Städte nicht findet. Nehmen Sie zum Beispiel den jungen Bauern, der während der Frühjahrsbestellung in den heiligen Stand der Ehe treten soll . . .

Diese Geschichte spielt in der Zeit, bevor Traktoren mit ihrem Benzingestank die Luft verpesteten – in der Zeit, in der bäuerlichem Leben noch ein bißchen Romantik innewohnte.

Der junge Bauer geht hinter der Pflugschar her, die tiefe Furchen in den Acker gräbt.

»Öh«, sagt er am Ende des Ackers zu den beiden Rotschimmeln, die den Pflug ziehen. Er tritt die verkrustete Erde von der Pflugschar und beugt sich über den Pflugsterz, um den Pflugbaum geradezurichten.

Plötzlich hört man vom anderen Ende des Feldes, weit weg vom Haus, eine Stimme:

»Niels Peter, du mußt jetzt nach Hause kommen! Hörst du?«

»Ja, ich habe gehört!« ruft Niels Peter leicht gereizt zurück und nimmt seine Uhr aus der Tasche. Er wirft einen Blick darauf und ist beruhigt. Er kann noch ein paar Furchen ziehen. Die Krume ist gerade richtig – nicht zu naß und nicht zu trocken, genauso wie man sie im Frühling zum Pflügen braucht. Er muß vor dem Abend noch soviel wie möglich schaffen und kann seine Zeit nicht mit Nebensächlichkeiten vertrödeln.

Und wieder hört man eine Stimme:

»Niels Peter! Komm doch endlich, Niels Peter!«

»Ja, ich hab' dich doch gehört, und ich hab' gesagt, daß ich komme! Nur noch die eine Furche, dann komme ich!«

Der junge Bauer treibt die Pferde an, und als er wieder das Ende des Feldes erreicht hat, bindet er die Zügel an den Handgriffen des Pfluges fest und geht dann den zerfurchten Weg entlang zum Haus, wo seine Braut Katrine mit ihren Eltern und anderen Verwandten auf ihn wartet. Alle sind festlich gekleidet.

»Du hättest ein bißchen früher kommen sollen, dann hättest du noch in ein weißes Hemd und deinen guten blauen Anzug schlüpfen können«, sagt Katrine mit leichtem Vorwurf.

»Ach, das ist doch nicht wichtig«, brummt Niels Peter, »ich möchte zu Ende pflügen, solange die Krume noch so gut ist. Vielleicht regnet es heute abend; dann wäre der Boden morgen zu naß.«

Er zieht die Hosenbeine über seine Gummistiefel und klopft sich mit seiner rauhen Hand ein bißchen Erde vom Jackett. Dann nimmt er Katrines Arm, und die ganze Gesellschaft marschiert schnell die Dorfstraße entlang zu der kleinen weißgekalkten Kirche. Alle treten ein und gehen bis zum Altar vor.

»Niels Peter Emilius Mikkelsen«, sagt der Pfarrer mit streng klingender, hallender Stimme, »willst du diese Frau zu deiner rechtmäßig angetrauten Ehefrau nehmen?«

Niels Peter antwortet nicht. Er blickt durch das gotische Fenster und erblickt seine beiden Rotschimmel auf dem Hügel. Diese verdammten Schinder! Kaum dreht man ihnen den Rücken, traben die beiden zum nächsten Ackerrain, um Gras zu fressen. »Niels Peter Emilius Mikkelsen, willst du diese Frau zu deiner rechtmäßig angetrauten Ehefrau nehmen?«

»Ach so – ja, natürlich«, murmelt Niels Peter völlig verwirrt und sieht den alten Landpfarrer unsicher blinzelnd an.

»Versprichst du, sie zu lieben und zu ehren, bis der Tod euch scheidet?«

»Ja.«

»Und jetzt zu dir, Katrine Karoline Rasmussen. Willst du diesen Mann zu deinem rechtmäßig angetrauten Ehemann nehmen?«

»Ja, ich will.«

Niels Peter bringt es nicht fertig, den Blick von seinen beiden Rotschimmeln abzuwenden, die samt dem Pflug zur Kalkgrube weitergewandert sind.

»Versprichst du, ihn zu lieben und zu ehren, in guten und in bösen Tagen zu ihm zu stehen, bis der Tod euch scheidet?«

»Ich verspreche es.«

»Dann gebt euch jetzt die Hände.«

Niels Peters große rauhe Hand packt so fest zu, daß Katrine um ein Haar laut aufgeschrien hätte.

Ein Jahr ist vergangen.

Wieder ist es auf Niels Peters Hof Frühling geworden. Und wieder ist die Krume genau richtig, um gepflügt zu werden – nicht zu naß und nicht zu trocken, sondern genau richtig.

Und wieder folgt Niels Peter auf dem Hügel hinter der kleinen weißgekalkten Kirche dem von den beiden Rotschimmeln gezogenen Pflug.

»Öh!« sagt er zu den Pferden und bückt sich, um einen Stein aufzuheben, mit dem er die Erdkruste von der Pflugschar kratzen kann. Dann richtet er sich wieder auf und betrachtet die Furche, die er eben gezogen hat.

»Hü!« sagt er zu den beiden Rotschimmeln. Sie legen sich ins Geschirr, und das Handpferd läßt einen Wind abgehen. Vom Haus her hört man eine Stimme rufen. Es ist Axel, der Knecht.

»Niels Peter!« ruft er.

»Ja?«

»Du solltest jetzt nach Hause kommen!«

»Ja, ich weiß!«

Niels pflügt weiter. Er möchte nur noch ein paar Furchen ziehen. Aber Axel kommt in seinen schweren Holzpantinen den Hügel heraufgelaufen.

»Ich soll dir sagen, du sollst sofort nach Hause kommen.«

»Du siehst doch, daß ich schon unterwegs bin«, antwortet Niels Peter und treibt die Pferde an. »Ich muß nur noch diese Furche zu Ende pflügen.« Dann bindet er die Zügel der Pferde an den Handgriffen des Pfluges fest und eilt nach Hause. Er geht in die Spülküche mit dem festgestampften Lehmboden, wäscht sich sorgfältig die großen rauhen Hände unter der Wasserpumpe, geht in die Küche, setzt einen Kessel mit Wasser zum Kochen auf und geht durch das Wohnzimmer weiter ins Schlafzimmer.

Eine Stunde später steht er wieder in der Spülküche. Er rollt die Ärmel seines Hemdes herunter, zieht die Jacke an, nimmt einen Eimer mit Wasser und trinkt daraus. Dann kehrt er mit energischen Schritten zu seinem Pflug auf dem Hügel zurück. Tief atmet er die Frühlingsluft mit ihrem warmen, weichen Humusgeruch ein, und auf seinem Gesicht erscheint ein kleines zufriedenes Lächeln.

Katrine hat ihm einen Sohn geboren.